Wunderkiste für Buchstabenwochen

Anregungen und Materialien für projektorientierten Unterricht im 1. Schuljahr

Schroedel

Wunderkiste für Buchstabenwochen

Anregung und Materialien
für projektorientierten Unterricht im 1. Schuljahr

Herausgegeben und erarbeitet von Roswitha Stahringer, Heike Rothe und Petra Abel

Illustration von Lila Leokadia Leiber

Fotos von Petra Abel

Widmung

Für Kathleen, Janosch, Dominique, Malin, Simone F., Maria, Sebastian G., Armin, Martina, Rene, Annemarie, Leonie, Nicole, Matthias, Eva-Maria, Sebastian S., Manuela, Michael B., Felix, Fabian, Raffael, Simone W., Michael Sch. und Benni

ISBN 3-507-40407-9

Druck A 5 4 3 / Jahr 2001 2000 1999

Alle Drucke der Serie A sind im Unterricht parallel verwendbar,
da bis auf die Behebung von Druckfehlern untereinander unverändert.
Die letzte Zahl bezeichnet das Jahr dieses Druckes.

Satz: Th. Schäfer Druckerei GmbH
Druck: Oeding Druck GmbH, Braunschweig

RECYCLING

Gedruckt auf
umweltfreundlichem
Recycling-Papier
(100% Altpapieranteile)

Liebe Kolleginnen und Kollegen!

Die vorliegenden Materialien sind als Planungshilfe für einen projektorientierten Unterricht im 1. Schuljahr gedacht. Sie sollen nicht dazu dienen, einen festgelegten Lehrgang zu konzipieren, sondern einen eigenen Weg zu gehen, der sich von Woche zu Woche oder von Tag zu Tag ändern kann.
Diese Materialien sollen diejenigen von Ihnen stützen, die sich daran begeben zum ersten Mal ohne Fibel zu arbeiten. Auch wenn es aufgrund schwieriger Vorplanungen in einzelnen Schulen nicht möglich sein sollte, die Kinder der zukünftigen Klasse persönlich kennen zu lernen, sollte man sich als zukünftige Lehrerin oder als zukünftiger Lehrer vorab sowohl die Schule, den Klassenraum und die Umgebung der Schule ansehen als auch die Namen der Kinder in die Vorbereitung mit einbeziehen.
Diese Materialien können aber auch eine Hilfe sein, um den Lehrgang einer bereits eingeführten Fibel mit vielen persönlichen Exkursen zu durchbrechen, oder sie können als individuell zu gestaltendes Begleitmaterial neben der traditionellen Fibelarbeit gebraucht werden.
Grundlegende Planungen für die ersten Tage im Schuljahr geben Ihnen als zukünftiger Lehrperson die Sicherheit, die Sie brauchen, um der neuen Kindergruppe und ihren Wünschen und Erwartungen gegenüber offen zu sein.
Wir sollten uns bei allen Vorhaben genug Zeit lassen und nie das Hauptziel unserer Arbeit vergessen: Alle Kinder unserer Klasse sind individuelle Persönlichkeiten und sollten als solche geachtet und gefördert werden.
Wir wünschen Ihnen viel Freude bei der Arbeit mit der „Wunderkiste für Buchstabenwochen".

Die Autorinnen der Buchstabenwochen

Roswitha Stahringer
Heike Rothe
Petra Abel

Wer sind wir?

Roswitha Stahringer, geboren 1948 in Kassel, Abitur 1967 am dortigen Jacob-Grimm-Gymnasium, Studium der Erziehungswissenschaften an der Justus-Liebig-Universität in Gießen, 1. Staatsexamen 1971, 2. Staatsexamen 1973, seit 1984 Schulleiterin an der Regenbogenschule Ebsdorf/Leidenhofen, Mitarbeiterin beim Hessischen Institut für Lehrerfortbildung.

Heike Rothe, geboren 1969 in Erbach/Odenwald, Abitur 1988 am Gymnasium Michelstadt, Lehramtsstudium für das Lehramt an Grund- und Hauptschulen an der Justus-Liebig-Univiersität in Gießen, 1. Staatsexamen 1992, 2. Staatsexamen 1995, Referendariat von 1993 bis 1995 an der Regenbogenschule Ebsdorf/Leidenhofen, seit 1996 Lehrerin an der J. F. Kennedy-Schule in Münster (Dieburg/Hessen).

Petra Abel, geboren 1956 in Wetzlar, Abitur 1975 an der Lotteschule in Wetzlar, von 1976 bis 1979 Ausbildung zur staatlich anerkannten Kinderkrankenschwester an der Uniklinik in Gießen, ab 1979 Studium an der Justus-Liebig-Universität für das Lehramt an Grundschulen, 1. Staatsexamen 1983, ab 1990 Aufbaustudium der Motologie an der Philipps-Universität in Marburg, seit 1993 tätig als Diplom-Motologin im Bereich Frühförderung in Fördergruppen und im Kindergarten.

Bestell-Nr. 3-507-40407-9

Ich übernahm zu Beginn des Schuljahres 1993/94 ein erstes Schuljahr mit 24 Kindern. Nach acht Wochen kam Heike Rothe als Referendarin in diese Klasse.
Wir planten so kindorientiert wie möglich zu arbeiten. Dazu gehörte unser Vorhaben, im Erstlese- und Schreibunterricht keine Fibel zu benutzen und keine Eigenfibel zu erstellen.
Petra Abel war Mutter zweier Kinder der Klasse und hielt viele Projekte fotografisch fest. Da sie als ausgebildete Grundschullehrerin und Motologin großes Interesse an dem Konzept zeigte, bot sie sich an, den Sport- und Spieleteil für die Buchstabenwochen zu übernehmen.

Langjährige Erfahrungen in der Praxis auf der einen Seite und wissenschaftliche Erkenntnisse aus dem Lehramtsstudium auf der anderen Seite zeigten uns immer wieder die gleiche Problematik:

- alle ersten Schuljahre sind heterogene Kindergruppen mit einem Entwicklungs- und Leistungsunterschied von bis zu vier Jahren. Diese Tatsache fordert individuelles Lernen und differenzierende Angebote.
- Fast alle Schulanfänger möchten gern besonders wichtige oder auch interessante Unterrichtssituationen gemeinsam erleben. Hier setzen unsere Bausteine „Gemeinsames Kennenlernen bzw. Thematisieren eines Buchstabens" und „Gemeinsames Feiern eines Buchstabens" an.
- Schulkinder sollten möglichst oft alle Sinne benutzen, da die vielfältigen Erfahrungen Grundlage allen Lernens sind. Handlungsorientiertes Lernen und Arbeiten ist unabdingbar.
- Deutsch- und Sachunterricht sollten zumindest im 1. Schuljahr eine Einheit darstellen. Das erfordert Projektunterricht.
- Der Prozess des Lesen- und Schreibenlernens muss sich wechselseitig bedingen.

Wir suchten für den Erstlese- und Schreibunterricht Materialien und Vorschläge, die offenes Lernen im Fächer übergreifenden Unterricht zulassen. Unsere Vorstellung war ein Angebot für alle Buchstaben, das vielfältige Arbeitsmöglichkeiten sowohl zu den Inhalten des Lese-, Schreib- und Sachunterrichts als auch zum musischen Bereich des ersten Schuljahrs bietet. Unser Konzept der „Buchstabenwochen" entstand während der Suche nach passenden Materialien.
Ausgehend von der Kalenderwoche, die den meisten Kindern zum Kennenlernen eines Buchstabens und zum anschließenden individuellen Arbeiten genügend Zeit bietet, entwickelten wir den zeitlichen Rahmen unseres Konzeptes. Die „Buchstabenwochen" ermöglichen den Kindern, in Ruhe Lese- und Schreiberfahrungen zu sammeln. Durch die Bereitstellung eines Anlautkreises sind viele Kinder in der Lage, eigene Worte und Texte zu schreiben. Die Akzeptanz der Lautschrift durch die Lehrperson ist Voraussetzung dafür. Die „Buchstabenwochen" geben den jeweiligen Lehrpersonen genug Zeit, sich auf die individuellen Vorgaben der Kinder einzustellen, darauf einzugehen und Fächer übergreifend Projektunterricht zu planen.

Die Auswahlkriterien des favorisierten Buchstabens orientieren sich bei uns an den Namen und dem Umfeld der Kinder und der Schule, der Häufigkeit im Sprachgebrauch und oft auch an Jahreszeiten und Festlichkeiten. Benutzt man gleichzeitig eine Fibel, sollte man, um die schwächeren Kinder nicht zu verunsichern, die in der Fibel vorgegebene Reihenfolge weitgehend einhalten.

Der Ablauf einer „Buchstabenwoche" sah in unserer Klasse folgendermaßen aus:
Am Montagmorgen wurde der jeweilige Buchstabe der Woche erraten (Stoffsack mit Gegenständen, die mit dem Buchstaben beginnen). Die mitgebrachten Materialien wurden auf der Buchstabenwiese (grüner Filz/Teppichboden) verteilt. Während der Woche erweiterten die Kinder diese Sammlung selbsttätig. Hier sollte man auch Dinge zulassen, die in ihrem Wortbild den thematisierten Buchstaben beinhalten. Allerdings ist es dabei nötig, eine Wortkarte beizufügen.
Im Laufe der Woche war der Buchstabe Mittelpunkt der vielfältigsten Übungen und ausschlaggebend für die Projektthemen. Am Freitag wurde der Buchstabe mit einem kleinen besonderen Ereignis „gefeiert" (**P**opcorn herstellen, **G**espenstertag, **O**ma- und **O**patag, Besuch bei der **F**euerwehr etc.).

Während die Aktivitäten am Montag und Freitag überwiegend gemeinsam erlebt wurden, arbeiteten die Kinder sonst zum größten Teil individuell. Um den Kindern hier die Möglichkeit zu geben, auf vielfältigste Art und Weise mit Schriftsprache umzugehen, sollten sowohl eine Lese- als auch eine Schreibwerkstatt in der Klasse eingerichtet werden. Alle Kinder konnten sich jederzeit mit dem Gesamtangebot aller Buchstaben befassen, sofern sie dies wünschten und vermochten.
Im Folgenden beschreiben wir die Werkstätten und geben Beispiele für Lese- und Schreibanlässe aus unserem Unterricht.

Roswitha Stahringer

Bestell-Nr. 3-507-40407-9

Bestell-Nr. 3-507-40407-9

In unserer Schreibwerkstatt gab es:

- Postgebäude (alte Tür, die von hinten Postfächer für jedes Kind bekam)
- Briefpapier und Umschläge
- Karten (von alten Jugendherbergskalendern etc.)
- weißes Papier und Schmierpapier (altes Computerpapier)
- eine große Dose mit verschiedenen Stiften
- Stempelkasten / Stempelkissen / Zierstempel
- Buchstabenkarten
- Wörterbücher
- eine Schreibkartei (Druckschrift)
- später kam eine Übungskartei zur VA (vereinfachte Ausgangsschrift) dazu
- Wortkarten mit den Kindernamen der Klasse
- ein Plakat mit wichtigen Wörtern und Daten der Klasse

Schreibanlässe waren:

- Briefe an Klassenkameraden, Lehrerinnen / Lehrer, Eltern / Verwandte / Freunde, Schulpaten, Briefpartnerklasse (Wir fanden ca. 3 Monate nach Schulbeginn eine Partnerklasse.)
- Wochenendgeschichten / Feriengeschichten
- Tiergeschichten
- Kinderseite der Tageszeitung
- Geschichten zum Verschenken (Geschichten, die gut gelungen sind, werden auf ein Schmuckblatt geschrieben und zu einem besonderen Anlass verschenkt.)
- kleine Bücher herstellen
- Sachtexte aller Art
- Klassentagebuch
- Preisausschreiben
- Lesen von Ganzschriften

In unserer Lesewerkstatt gab es:

- verschiedene Lesespiele
- Buchstabenbilder
- Sandkasten zum Nachspuren von Buchstaben
- Lesekarteikarten (z. B. Syntheseübungen)
- Lesebriefe
- ausgewählte Bücher (differenzierendes Angebot, geordnet nach für die Kinder nachvollziehbaren Kategorien)
- beschriftete Fotos
- Buchtipp (Lehrer oder Lehrerin stellt aktuelle Bücher vor/aus.)
- Werbeplakate
- Fadenspiel (Buchstaben zum Nachlegen)
- Buchausstellungen zu einem bestimmten Thema (Beispiel: Hunde)
- Geschichten für Kinder
- Hinweisschilder für die jeweiligen Bücher

Leseanlässe waren:

- Namenskärtchen
- Beschriften der vorhandenen Gegenstände im Klassenzimmer
- kleine schriftliche Arbeitsaufträge
- Zeitungsausschnitte
- Kinder stellen ihr Lieblingsbuch der Klasse vor
- Aktion „Das lesende Klassenzimmer" (Börsenverein des Deutschen Buchhandels)
- Besuch einer Bücherei
- Besuch einer Buchhandlung
- Pinnwand
- Teilnahme an Wettbewerben der Buchhandlungen

Klassenraumgestaltung

Um allen 24 Kindern in dem verhältnismäßig kleinen Raum einen festen Sitzplatz geben zu können, wählten wir die Hufeisenform als Sitzordnung.
Von den Klasseneltern bekamen wir Elemente der „Lesestadt" (A4), durch die sich folgende Nutzung der vier Ecken des Raumes ergab:

Ecke 1 Postgebäude und Schreibwerkstatt, daneben Kino und Lesewerkstatt

Ecke 2 Kaufladen und Forscherecke

Ecke 3 (mit Waschbecken) Spiele und Bastelmaterialien

Ecke 4 ein großer Tisch (Holzplatte auf zwei Schülertische montiert) mit vier Bänken als eigentlicher Mittelpunkt der Klasse. Hier fanden Morgenkreis, Unterrichtsgespräche, Präsentationen, Spielbegegnungen, Geburtstagsfeiern, Ess- und Trinkpausen und der Abschlusskreis statt. Außerdem konnten die Kinder sich einen Platz an diesem Tisch für Stillarbeitsphasen wählen.

Am Eingang befanden sich rechts und links zwei Schränke, die Pausenspielzeug und Rechenmaterialien enthielten.

Arbeits- und Sozialformen

Folgende Arbeits- und Sozialformen sind für das Konzept der „Buchstabenwochen" wichtig und wurden nach und nach erarbeitet:
Partnerarbeit
Gruppenarbeit
Stillarbeitsphasen
Unterrichtsgespräche
Tagesplan
Wochenplan
Stationsbetrieb.

Viele Aufträge unserer Materialsammlung kann man im Stationsbetrieb bearbeiten. Die Stationen für diese Trainingsform waren in den vier Ecken des Klassenraumes. In jeder Ecke befand sich eine nummerierte Stationskarte mit farbiger Markierung (Klebepunkte). Außerdem bekam jede Station einen Arbeitsauftrag, der überwiegend differenzierendes Material beinhaltete. Von den vier Stationen sollte jedes Kind möglichst drei bearbeiten. Pflichtstationen wurden von uns gekennzeichnet. Zur Kontrolle gab es sowohl Lösungsblätter als auch Partner- oder Lehrerkontrolle. Hatten die Kinder eine Station bearbeitet, konnten sie sich entsprechende Klebepunkte auf ihre Stationskarte (kleine Karteikarte mit Namen) befestigen oder sie bekamen Stempel.

Erläuterungen zum Bereich „Schreiben"

Das „freie bzw. angeleitete Schreiben" (A1) sollte schon im ersten Schuljahr fester Bestandteil des Stundenplanes sein. Als vorrangiges Ziel gilt hierbei: Schreiben muss Freude machen. Der Weg: Die Interessen und Bedürfnisse der Kinder müssen im Mittelpunkt stehen (A5, S. 18).
Innerhalb unseres Unterrichts haben wir immer wieder versucht Situationen zu schaffen, in denen sich die Kinder frei äußern konnten.
Die Bereitstellung von motivierenden Schreibanlässen im Unterricht ermöglicht Kräfte im Kind freizusetzen, die es zu kreativen Spontanschreibungen führen. Schreibanlässe können helfen Erfahrungen und Erlebnisse zu benennen, zu ordnen und Ideen mit ihnen zu verbinden. Sie bereitzustellen bedeutet zugleich, dass die Kinder einen Sinn im Schreiben sehen, es innerlich anerkennen und akzeptieren. Entscheidend ist, dass sie die Notwendigkeit des Schreibens an sich erkennen und dass sich das Schreiben an eine Leserschaft wendet (Eltern, Kindergarten, Partnerklasse etc.).
Für die Schule ist es zugleich wichtig möglichst vielfältige Schreibanlässe anzubieten. Dies bedeutet, dass sich sowohl reale als auch fiktive Schreibanlässe abwechseln sollten:
Buchstabe G: Einladung zur **G**espenster-Party
Buchstabe T: „Teddy Langohr" – eine Geschichte zum Weiterschreiben.
Neben der angesprochenen Nutzung vielfältiger Schreibanlässe sollte auch die Vielfalt der Schreibmöglichkeiten (z. B. Stempeln, Drucken, Schreiben mit der Schreibmaschine) und die Vielfalt der sozialen Formen vom individuellen Schreiben bis zum gemeinsamen Projekt einer ganzen Klasse (z. B. Zirkuszeitung) wahrgenommen werden.
Ein Faktor, der sich oft als Schreibbarriere für viele Kinder darstellt, ist die Angst vor Rechtschreibfehlern. Das Zweifeln an der richtigen Schreibweise der Wörter lässt sie kaum zu einem flüssigen, hemmungsfreien Schreiben ihrer Geschichten kommen. Diese Überlegungen haben uns dazu veranlasst, den Kindern während des Schreibens die nötigen Freiräume zu schaffen. Weder ein völliges Ignorieren der Rechtschreibung noch das ständige Beharren auf der richtigen Schreibweise wirken sich unserer Meinung nach fördernd auf die Schreibhaltung der Kinder aus. Innerhalb unserer Klasse haben wir daher Texte, die in der Klasse geblieben sind, nicht korrigiert. Texte, die nach draußen getragen wurden, mussten jedoch fehlerfrei vorliegen und wurden von uns entsprechend verändert.

Erläuterungen zu den Bereichen „Musik" und „Kunst"

Der Musikunterricht sollte im Primarbereich von dem jeweiligen Klassenlehrer / der jeweiligen Klassenlehrerin (auch fachfremd) erteilt werden, so wie es im Kunstunterricht schon in vielen Schulen üblich ist. Es gibt eine Fülle von geeigneten Liederbüchern, Kassetten und CDs, nach denen auch die ungeübtesten Lehrpersonen arbeiten können. Wir haben uns im Musikteil auf wenige Bücher und Kassetten beschränkt. Mit diesen Materialien ist jede Lehrerin und jeder Lehrer in der Lage, geeignete Lieder, Verse und Reime zu allen Buchstaben zu finden. Grundsätzlich ist es für die Arbeit in der Grundstufe wichtig, Bewegungslieder einzusetzen. Viele Lieder sollten also nach Möglichkeit mit Bewegungen, die zum Inhalt passen, unterstützt und so oft es geht mit kleinen Geräuschinstrumenten begleitet oder ausgestaltet werden. Ähnlich wird bei Sprechversen und Reimen verfahren.
Eine Vielzahl der Bücher zum Kunstunterricht gibt die jeweils genaue Mal- und Bastelanweisung an. Allerdings sind viele Vorschläge entweder bereits bekannt oder von der Thematik her eindeutig. Deshalb genügt es unserer Meinung nach, wenn man nur einige ausgewählte Bastelbücher erwirbt. Viele Ideen werden während der Arbeit im ersten Schuljahr von selbst entstehen und auch ohne genaue Anleitung ausgeführt werden können.
Für Musik und Kunst gilt gleichermaßen: Viel Zeit und Raum zur Verfügung stellen und die Kinder ermutigen, ihre Ideen zu verwirklichen.

Erläuterungen zum Bereich „Sport und Spiele"

Dieser Teil liefert Anregungen und konkrete Beispiele zur Ergänzung des Leselernteils mit themenspezifischen Sportstunden. Grundsätzliches Ziel ist auch hier die Vermittlung von Leselerninhalten auf der Basis konkreter Vorstellungen und Handlungen. Die Inhalte der Leselernstunden werden im Bereich der Sportstunden weitergeführt, konkretisiert und mit einer spielerischen Förderung der Motorik verbunden.
Die vorgestellten Stundenbeispiele sind als Anregungen gedacht. Details werden bewusst offen gelassen,

damit jede Lehrerin / jeder Lehrer die Stunden entsprechend der jeweiligen Gruppenzusammensetzung, der vorhandenen räumlichen und materialen Bedingungen usw. gestalten kann.
Alle Sportstunden verfügen über dieselbe Struktur. Sie sind in Anfang, Hauptteil und Abschluss untergliedert und sollen so einen Orientierungsrahmen für die Kinder geben. Im Anfangsteil und Abschlussteil werden in der Regel Beschäftigungen genannt, die von allen Kindern gemeinsam durchgeführt werden und als Auftakt bzw. Ausklang gedacht sind. Der Hauptteil ist meist ein offenes Bewegungsangebot und schafft so Freiräume für die Eigeninitiative der Kinder.
In dem Teil „Zusatzspiele" sind Spiele aufgeführt, die mit dem jeweiligen Buchstaben beginnen und neben der Sportstunde auch in Bewegungspausen eingesetzt werden können.
Die Stunden sind für zwei Schuleinheiten (90 Minuten) konzipiert. Werden nicht alle Gerätearrangements oder Bewegungsbeispiele im Hauptteil aufgebaut bzw. durchgeführt, können die vorgeschlagenen Themen auch Inhalt einer Sportstunde werden.
Im Hinblick auf die motorischen Inhalte sowie die Geräteaufbauten finden sich in vielen Stunden große Ähnlichkeiten, die in einem anderen Bewegungskontext (Bewegungsgeschichte) eingebunden werden. Die Stunden sind so konzipiert, dass die unterschiedlichen motorischen Voraussetzungen der Kinder in der Stundenplanung berücksichtigt werden können.
Außerdem wird hier großer Wert auf gestalterische Freiräume gelegt, die sicherstellen sollen, dass die Kinder mit Vorschlägen und Improvisationen die Stundenabläufe aktiv mitgestalten können.
Hinter einigen Stundenbeispielen steht der Vermerk „Materialtag". Dies sind Beispielstunden, in denen größere Geräteaufbauten erforderlich sind. Für diese Vorschläge kann mit anderen Lehrkräften ein „Materialtag" geplant werden, an dem die Geräte von der ersten bis zur letzten Sportstunde aufgebaut bleiben.
Wie bereits erwähnt, sollen die hier gegebenen Beispiele die Fantasie nicht nur der Schüler und Schülerinnen anregen, sondern auch die Lehrkräfte ermuntern neue Spiele und Bewegungsangebote zu kreieren oder über Teilveränderungen immer wieder zu variieren und auszubauen. Dabei muss natürlich dem Aspekt der Sicherheit große Aufmerksamkeit geschenkt werden. Das bedeutet auch, dass die Absicherung der Geräte gewährleistet sein muss und dass alle Stunden entsprechend der für den Sportunterricht in der Primarstufe üblichen Sicherheitsregeln geführt werden müssen.

Im Anschluss werden ausgewählte Beschäftigungen und Spiele beschrieben, die universell zu den jeweiligen Buchstaben eingesetzt werden können. Die Lehrkräfte können je nach Interesse und der zur Verfügung stehenden Zeit diese Spiele zusätzlich oder alternativ anbieten.

Spiele, die im Sportunterricht zu allen Buchstaben eingesetzt werden können:

1. Legen der Buchstaben mit Seilen, mit Bierdeckeln, Korken, Kastanien und dergleichen, mit Zeitungen, Filmdöschen, mit mehreren Kindern. (Kinder legen gemeinsam mit ihren Körpern einen Buchstaben; Variation: Kinder mit einem Schwungtuch abdecken, die anderen Kinder sollen nun vorsichtig den Buchstaben erfühlen.)
2. Aufmalen der Buchstaben mit Kreide auf Tafelteile; aus den Tafelteilen ein Puzzle herstellen, das von den Kindern zusammengesetzt wird.
   Kinder setzen sich hintereinander und malen sich den Buchstaben auf den Rücken.
3. Umlaufen von aufgemalten oder gelegten Buchstaben.
4. Fühlen von Buchstaben (z. B. Holz- oder Schaumstoffbuchstaben) in einer Fühlkiste im Anfangskreis der Sportstunde.
5. Sortieren von Buchstaben, die auf Teppich- oder Tafelteile gemalt sind: Alle „A" in eine Reihe legen, alle „O" in eine Reihe legen, ...
6. „Giftmännchen": Die Lehrerin erzählt eine Geschichte. Nennt sie ein vorher vereinbartes Wort (aus der Buchstabenwoche), so laufen alle Kinder zum Freimal, z. B. zu einer Hallenseite, und die Lehrerin versucht ein Kind zu fangen. Das Kind, das gefangen wurde, darf die nächste Geschichte erzählen. Es bestimmt das nächste Wort (aus der Buchstabenwoche), bei dem alle Kinder weglaufen müssen.
7. Musikstoppspiel: Buchstaben mit Klebeband auf Teppichfliesen kleben; die Kinder laufen durch die Halle. Beim Musikstopp stellen sich die Kinder auf den von der Lehrerin genannten Buchstaben.
8. Buchstabensalat: Die Lehrerin nennt vier Buchstaben, die sich die Kinder merken sollen. Die Musik wird angestellt. Alle Kinder laufen durch die Halle. Beim Musikstopp müssen sich alle Kinder mit demselben Buchstaben finden, indem jedes Kind ganz laut einen der vier Buchstaben ruft. Haben sich alle in ihrer Buchstabengruppe zusammengefunden, wird das Spiel fortgesetzt.

Bestell-Nr. 3-507-40407-9

Bestell-Nr. 3-507-40407-9

Literatur und Musikkassetten zum Musikteil

M 1 Kolibri - Das Liederbuch für die Grundschule, hrsg. von Bettina Küntzel und Wulf Dieter Lugert, Metzler/Schroedel

M 2 Fara und Fu, Kassette zur Fibel, Schroedel

M 3 Froschkonzert, spielen und lernen MC, Velber, Seelze

M 4 Karneval im Zoo, spielen und lernen MC, Velber, Seelze

M 5 Kinder-MusiCassette, spielen und lernen 1989, Velber, Seelze

M 6 Kinder-MusiCassette, spielen und lernen 1992, Velber, Seelze

M 7 Liedmobil, Dorothée Kreusch-Jacob, Ellermann, München

M 8 Liederspatz, Fredrik Vahle, Verlag pläne GmbH, Dortmund

M 9 Willi Wackelzahn, spielen und lernen MC, Velber, Seelze

M 10 Zirkus-Zauber, spielen und lernen MC, Velber, Seelze

Alle Kinder-MusiCassetten von „spielen und lernen, Velber, Seelze" eignen sich sehr gut für die Arbeit mit dem ABC im Primarbereich.

MK 1 Meyerholz / Hering: Kinderlieder zum Einsteigen und Abfahren. Voggenreiter-Verlag. Bonn / Bad Godesberg 1986

MK 2 Hereinspaziert, hereinspaziert. MC Knallbonbon. Impulse Musikverlag. Drensteinfurt

MK 3 Dschungelbuch 1, Walt Disney. Karussell 1979

Allgemeine Literatur

A 1 Blumenstock, Leonhard / Renner, Erich: Freies und angeleitetes Schreiben. Beispiele aus dem Vor- und Grundschulalter. 2. Auflage, Weinheim und Basel, 1992

A 2 Conrady, Peter (Hrsg.): Zum Lesen verlocken. Klassenlektüre für die Klassen 1–4. 6. Auflage, Zwickau 1994

A 3 Guggenmos, Josef: Oh Verzeihung, sagte die Ameise, Beltz 1990

A 4 Rütimann, Hansheinrich: Die Lesestadt. Zytglogge Verlag, Bern

A 5 Sennlaub, Gerhard: Spaß am Schreiben oder Aufsatzerziehung? 5. Auflage, Stuttgart 1990

A 6 Woll, Johanna: Alte Kinderspiele, Ulmer 1988

Literatur zum Kunstteil

K 1 Barff, Ursula: Das goldene Bastelbuch für Kinder, Niedernhausen/Ts., Falken 1994

K 2 Cuno, Sabine: Mein großes Bastelbuch, Band 1. Ravensburg 1989

K 3 Gloor, Elisabeth / Öwerdieck, Sylvia: Wir basteln mit Nüssen. Ravensburger Bastelbär, 1987

K 4 Gloor, Elisabeth / Burggraf, Christl: Im Winter ... macht das Basteln Spaß. Ravensburger Bastelbär, 1988

K 5 Kirsch und Korn: Kunterbunte Spielmobile. Ravensburger Bastelbär, 1988

K 6 Metzger, Ulrike und Wolfgang: Die Schule fängt an. Was ein Schüler so alles braucht. Ravensburger Bastelbär, 1990

K 7 Metzger, Ulrike und Wolfgang: Mein Osterheft ... steckt voller Überraschungen. Ravensburger Bastelbär, 1992

K 8 Michalski, Ute und Tilman: Werkbuch Papier. Ravensburg 1991

K 9 Neubacher-Fesser, Monika: Piratenfest. Kinderparty für kleine Seeräuber. Ravensburger Bastelbär, 1994

K 10 Neubacher-Fesser, Monika: Kunterbunte Karten. Bastelspaß für Kinder. Freiburg im Breisgau, 1995

K 11 Ritter, Ursula: Bald ist Weihnachten. Basteln mit Wellpappe und Papier. Freiburg im Breisgau, 1996

Bestell-Nr. 3-507-40407-9

Literatur zum Sportteil

S 1 Arndt, M. / Singer, W.: Das ist der Daumen Knudeldick, Ravensburg Verlag, 1980

S 2 Baumgartner, M. / Färber, G. / Michels, F.: Spielekartei für Sonder- und Heilpädagogik (Spiks). Verlag modernes Lernen. Dortmund 1992

S 3 Blank, Hajo: Seilchenspringen, Gummitwist, Fadenabheben. Coppenrath Verlag, 1995

S 4 Blank, Hajo: Hüpfekästchen. Coppenrath Verlag, 1993

S 5 Duchholz, D. / Müller-Schwarz, M .: Hoppla! Tipps 8, Hessische Sportjugend, 1996

S 6 Döbler, H.: Kleine Spiele, Volkseigener Verlag Berlin, 1978

S 7 Ehrlich, Peter / Heimann, Klaus: Bewegungsspiele für Kinder. Verlag modernes Lernen. Dortmund 1982

S 8 Hauke, I. / Hansen-Ketels, A. / Rieck, G.: Psycho-Motorik-Kartei. Borgmann Publishing GmbH. Dortmund 1993

S 9 Krawietz, A. / Krawietz, Ch. / Rohr, M.: Bewegung Kunterbunt, Tipps 5. Sportjugend Hessen 1992

S 10 Kreusch-Jacob, Dorothée: Da hüpft der Frosch den Berg hinauf. dtv junior. München 1991

S 11 Stein, Gisela / Lindner, Heidi: Hier bewegt sich was. Praxisreihe zum Eltern-Kind-Turnen und Kinderturnen in Kindergarten, Schule und Verein. Im Straßenverkehr (11), Fahrzeuge (6), Zur Weihnacht (8), Auf Reisen (7), Im Frühling (17), Clownschule (13). Pipo-Verlag, Neumünster 1991

S 12 Zimmer, Renate: Handbuch der Sinneswahrnehmung. Herder-Verlag, Freiburg 1995

S 13 Zimmer / Circurs (Red.): Kinder brauchen Bewegung. Brauchen Kinder Sport? Meyer und Meyer Verlag, 1992

S 14 Zimmer, Renate: Kreative Bewegungsspiele. Psychomotorische Förderung im Kindergarten. Herder-Verlag, Freiburg 1989

Erläuterungen zu den Blankos

Blanko 1 Lineaturblatt für Schreibübungen
Der Lehrer/die Lehrerin oder die Kinder können Buchstaben, Wörter oder Sätze vorgeben.

Blanko 2 Vorlage für freies Schreiben
Der Lehrer/die Lehrerin oder die Kinder können eine Zeichnung anfertigen oder ein Bild/ein Foto einkleben.

Blanko 3 Vorlage zum Zeichnen
Der Lehrer/die Lehrerin oder die Kinder können Wörter vorgeben, zu denen Bilder gezeichnet werden sollen.
Es empfiehlt sich (besonders für schwächere Kinder) Wortvorschläge zur Auswahl auf die unteren Linien zu schreiben.

Blanko 4 Vorlage für kleine Schreib-, Mal- oder Lesehefte
Die beiden Streifen werden in der Mitte gefalzt und ineinander gelegt.

Blanko 5 Vorlage für kleine Hefte
Die einzelnen Seiten werden aufeinander gelegt und zusammengeheftet.

Blanko 6 Vorlage für eine Rezeptsammlung
Zum Schluss werden die einzelnen Blätter zusammengeheftet.

Blanko 7 Vorlage für Klappbücher
Die in Streifen geschnittenen Blätter werden von den Kindern zum Schluss übereinander gelegt, zusammengeheftet und an der gestrichelten Linie gefalzt.

Blanko 8 Vorlage für ein Mal- oder Schreibblatt
Wörter unter die Bilderrahmen schreiben, die Kinder zeichnen die fehlenden Bilder.

Blanko 9 Vorlage für Kreuzworträtsel
Wörter in Großbuchstaben eintragen, die Kinder schreiben sie auf die freien Linien.

Hinweis zu den Blankos 4, 5, 6 und 7:
Von diesen Blankos sollten immer ausreichend Blätter in kleinen Kästen zur Verfügung stehen.

Hinweis zu den Kopiervorlagen:
Die meisten Kopiervorlagen sind aus Kostengründen auf DIN A5 verkleinert angeboten. Sie können auf dem Kopierer vergrößert werden auf DIN A4.

Name: ______________________________

Bestell-Nr. 3-507-40407-9

Blanko 1

Name: ____________________________________

Name: ____________________

Bestell-Nr. 3-507-40407-9
Blanko 3

 Bestell-Nr. 3-507-40407-9 **Blanko 4**

Name: ____________________

 Bestell-Nr. 3-507-40407-9 Blanko 5

1

2

3

4

Blanko 6

Bestell-Nr. 3-507-40407-9

Blanko 6

 Bestell-Nr. 3-507-40407-9 Blanko 7

Name: ____________________

Blanko 8
Bestell-Nr. 3-507-40407-9
Blanko 8
Wunderkiste für Buchstabenwochen

Name: ______________________________

Wunderkiste für Buchstabenwochen
Blanko 9
Bestell-Nr. 3-507-40407-9
Blanko 9

Bestell-Nr. 3-507-40407-9

Zum Buchstaben A

Kleinprojekte / Sachunterricht

- Apfel (Apfelbaum, Apfelringe, Apfelsaft, Apfelmännchen, Apfelkerne, Apfelkuchen)
- Arzt
- Ameise
- Angst
- Aquarium

Schreibanlässe

- Angstgeschichten
- Arztgeschichten
- „In einem Apfel"

Musik

Abendlieder:
Weißt du, wie viel Sternlern stehen (Kolibri 14)
Wer hat die schönsten Schäfchen (Kolibri 15)
A, a, a, der Winter, der ist da (Kolibri 32)
F-Tsch-Chqu-8%-Apparat (Kolibri 59)
ABC Lieder:
ABC, die Katze lief im Schnee
In einem kleinen Apfel
Anne Kaffeekanne (Frederik Vahle)

Kunst

Aquarium ohne Wasser basteln (K 8, S. 104)
Angelspiel anfertigen (K 1, S. 174)
Adventslaterne herstellen

Rezepte

Apfelringe

Zutaten: Äpfel, Ausstecher, Messer, kleines Holzbrett, Seil oder Faden
Kernhaus ausstechen, Äpfel schälen, Scheiben schneiden, im Backrohr bei niedrigster Hitze leicht antrocknen, auffädeln, an die Luft zum Trocken hängen.

Zungenbrecher / kleine Sprechspiele

Im April, im April,
tut das Wetter, was es will.
Sonne, Regen, Schnee und Blitz, (Sonne mit beiden Händen formen, Regen mit beiden Händen andeuten, Schnee: Handflächen nach außen, Blitz: Zickzackbewegung)
Donnerwetter, so ein Witz!

Die Ameisen

In Hamburg lebten zwei Ameisen, (Krabbelbewegungen mit beiden Händen)
die wollten nach Australien reisen.
In Altona auf der Chaussee (mit Zeige- und Mittelfinger auf der „Chaussee" schwanken)
da taten ihnen die Beine weh,
und da verzichteten sie weise (beide Handflächen bedauernd nach oben legen)
dann auf den letzten Teil der Reise.

Aus: Joachim Ringelnatz: Es zwitschert eine Lerche im Kamin.
Diogenes, 1962.

Sport und Spiele

Die Reise zu den Affen

Anfang

Die Kinder sitzen im Kreis und die Lehrerin/der Lehrer führt mit ihnen ein Gespräch über die Tiere, die in Afrika leben (Elefant, Krokodil, Nashorn, Strauß, Affe, Löwe usw.).
Anfangsspiel: Alle Kinder stehen dicht neben der Lehrerin an einer Hallenseite. Die Lehrerin erzählt eine Geschichte. Erwähnt sie eines der Tiere, die genannt wurden, laufen alle Kinder auf die entgegengesetzte Hallenseite und die Lehrerin versucht eines der Kinder zu fangen. Wer gefangen wurde, erzählt die nächste Geschichte.

Hauptteil

Material: Sprossenwand, Bälle, Medizinbälle, Ringe, Taue, Matten, Weichbodenmatten, Langbänke, Leiter
Mit den Materialien werden gemeinsam mit den Kindern Kletter- und Schaukelmöglichkeiten für Affen aufgebaut.

a) Die Sprossenwand stellt eine Kokospalme dar, auf der die „Kokosnüsse" (Bälle und Medizinbälle) liegen, die von den „Affen" heruntergeholt werden.
b) Zwei Langbänke werden parallel zueinander gestellt, sodass sich die „Affen" an dem Tau von einer auf die andere Seite schwingen können.
c) Neben den Ringen wird ein Mattenberg errichtet, sodass sich die „Affen" auf diesen Berg hinaufschwingen können.
d) Eine Leiter wird von einer Matte auf die andere gelegt, sodass die „Affen" darauf balancieren können.
e) Eine Langbank wird zum Balancieren umgedreht.

Im Stationsbetrieb können die Kinder nun von einer Bewegungsmöglichkeit zur anderen gehen.
Variation
Material: Medizinbälle
Das „Affenspiel" im Teil „Zusatzspiele" kann als Hauptteil genommen werden, wenn die Bewegungsmöglichkeiten mit dem Medizinball erweitert werden.

Abschluss

Die Kinder stehen im Kreis. Eine große Kokosnuss (Medizinball) und eine kleine Kokosnuss (Gymnastikball) werden an zwei weit auseinander liegenden Stellen in den Kreis gegeben. Die Bälle werden im Kreis möglichst schnell weitergegeben, der eine Ball soll den anderen einholen. Klatscht die Lehrerin in die Hände, so erfolgt ein Richtungswechsel.

Zusatzspiel: Ampelspiel

Material: Frisbeescheibe oder kleine Reifen, die als „Lenkräder" benutzt werden können, ein rotes, ein gelbes und ein grünes Tuch, Matten (Parkplätze)
Die Matten werden in der Halle verteilt. Alle Kinder fahren als Autos mit ihren Lenkrädern in der Hand durch die Halle. Sie müssen anhalten, wenn die Lehrerin das rote Tuch in die Höhe hebt. Jetzt gibt die Lehrerin Anweisung, wie die Autos fahren sollen (vorwärts, rückwärts, schnell, langsam usw.). Hebt die Lehrerin das grüne Tuch in die Höhe, geht die Fahrt weiter. Das gelbe Tuch fordert alle Autos auf einen Parkplatz (Matte) aufzusuchen. Immer vier oder fünf Autos teilen sich eine Matte.
Variation für die umweltbewusste Lehrerin
Statt des Autos kann auch das Fahrrad in dem Spiel eingesetzt werden. Als „Lenker" können leere Küchenpapierrollen, Staffelhölzer oder Heulröhren eingesetzt werden. Tandemfahrer (Hände auf den Schultern des vorderen Kindes) können auch an dem Spiel teilnehmen.

Zusatzspiel: Affenspiel (Musikstoppspiel)

Material: Medizinbälle, ein Ball für je zwei Kinder
Die Lehrerin gibt den Kindern Bewegungsaufgaben (z. B. Ball gemeinsam über die Köpfe heben, sich auf den Ball setzen, einen Fuß auf den Ball stellen, den rechten Fuß und die linke Hand auf den Ball stellen/legen und dgl.), die immer zwei Kinder gemeinsam beim Musikstopp ausführen sollen. Alle Kinder (Affen) laufen durch die Halle. Stoppt die Musik, suchen sich immer zwei Kinder einen Medizinball (Kokosnuss) und führen die Bewegungsaufgabe aus. Wenn alle Kinder sie ausgeführt haben, gibt die Lehrerin die nächste Bewegungsaufgabe bekannt, die nach dem nächsten Musikstopp ausgeführt werden soll.

Bestell-Nr. 3-507-40407-9

A a

Name: ______________________

A a

Name: ______________________

Name: ____________________

A a

A

a

Mama

Anna

Ameise malen Affe Nase Oma Arzt alt

Bestell-Nr. 3-507-40407-9

Wunderkiste für Buchstabenwochen

Name:

Mein Buch vom Apfel

Am Ast ist ein Apfel.

Wunderkiste für Buchstabenwochen Bestell-Nr. 3-507-40407-9

Name:

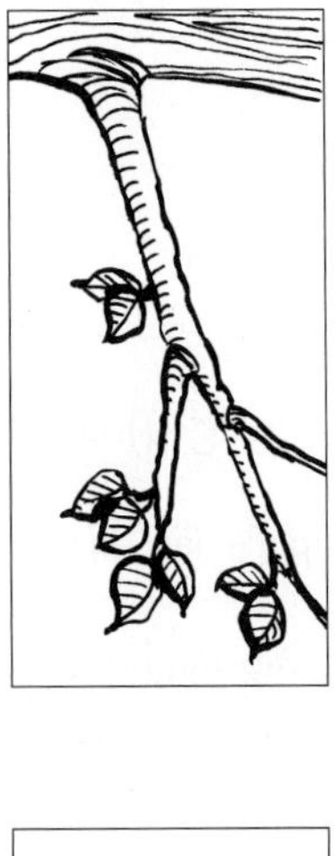

Ast Ast

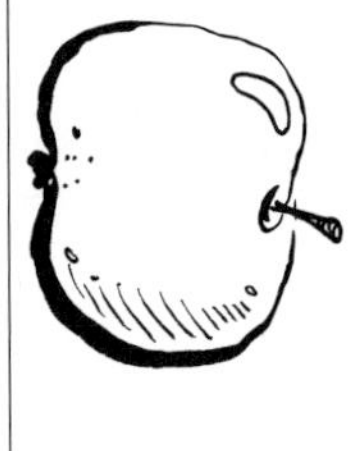

Apfel

A a

Bestell-Nr. 3-507-40407-9

Wunderkiste für Buchstabenwochen

Zur Buchstabenfolge Au

Kleinprojekte / Sachunterricht

- Auto
- Auge (Spiele: zuzwinkern, Ich sehe was, ...)
- Ausflug

Schreibanlässe

- Ausweisbuch
- Autobuch

Musik

Mami, lass das Auto stehn (Kolibri 130)
Das Auto von Lucio (Kolibri 136)
Paul ist faul (M 5)
Superauto (M 8)

Kunst

- Autogrammbuch mit den Unterschriften der Kinder basteln
- Ausweise basteln (Fingerabdrücke der Kinder, persönliches Bild, Schulstempel)
- Autos aus Walnusshälften bauen (K 3, S. 20)

Zungenbrecher / kleine Sprechspiele

Der Klaus mag die Maus, die Maus mag den Klaus.

Sport und Spiele

Auto

Anfang
Material: Reifen
Die Kinder steigen in ihre „Autos" (Reifen) und fahren durch die Halle, ohne aneinander zu stoßen.
Die Lehrerin sagt, mit welcher Geschwindigkeit die Autos fahren dürfen (1., 2., ... Gang). Die Autos dürfen nur auf den Spielfeldmarkierungen fahren. Der Rückwärtsgang muss eingelegt werden, das Auto muss langsam einen steilen Berg hinauffahren, es muss an einem Zebrastreifen anhalten usw.

Hauptteil
Material: Langbänke, kleine Kästen, Matten, Heulröhren, Reifen, Seile, Schwämme oder Tücher
Mit den Materialien werden eine Tankstelle, eine Autowerkstatt, eine Waschanlage und eine Autoverladestation gebaut.

Tankstelle:	Zwei Heulröhren werden zwischen die Holme der Sprossenwand geklemmt. Hier können die Fahrer und Fahrerinnen „Super" oder „Normal" tanken.
Autowerkstatt:	Eine Matte dient als Werkstatt. Hier werden die Autos pantomimisch repariert.
Abschleppdienst:	Auf einer kleinen Matte liegen Reifen, an die Seile gebunden sind. Ist ein Auto mit Panne liegen geblieben, wird es von den Abschleppautos in die Werkstatt gezogen.
Autoverladung:	Eine Langbank ist der Zug, auf den die Autos verladen werden. Die Fahrer und Fahrerinnen nehmen die Bank zwischen die Beine und halten den Reifen mit den Händen.
Waschanlage:	Zwei kleine Kästen stehen parallel nebeneinander, zwischen ihnen liegt eine kleine Matte. Wenn ein Auto in die Waschanlage fährt, dann wird der Reifen unter die Matte gelegt, der Fahrer/die Fahrerin legt sich auf die Matte. Auf den Kästen liegen bäuchlings zwei Kinder, die mit Tüchern oder Schwämmen das „Auto" waschen. Anschließend wird es mit einem Ball abgerollt (getrocknet).

Die Kinder fahren mit ihren Autos durch die Halle. An der Tankstelle, beim Abschleppdienst, in der Autowerkstatt und in der Autowaschanlage sind jeweils zwei Kinder beschäftigt, die im Laufe der Stunde mehrmals ausgewechselt werden.

Abschluss
Material: Matten, Entspannungsmusik (M 5)
Nach dem anstrengenden „Autotag" legen sich alle Kinder auf die Matten und ruhen sich aus.

Bestell-Nr. 3-507-40407-9

Name: ______

Au au

Auto

Wunderkiste für Buchstabenwochen
Bestell-Nr. 3-507-40407-9
© 1997 Schroedel Verlag GmbH, Hannover

Name: ______

Au au

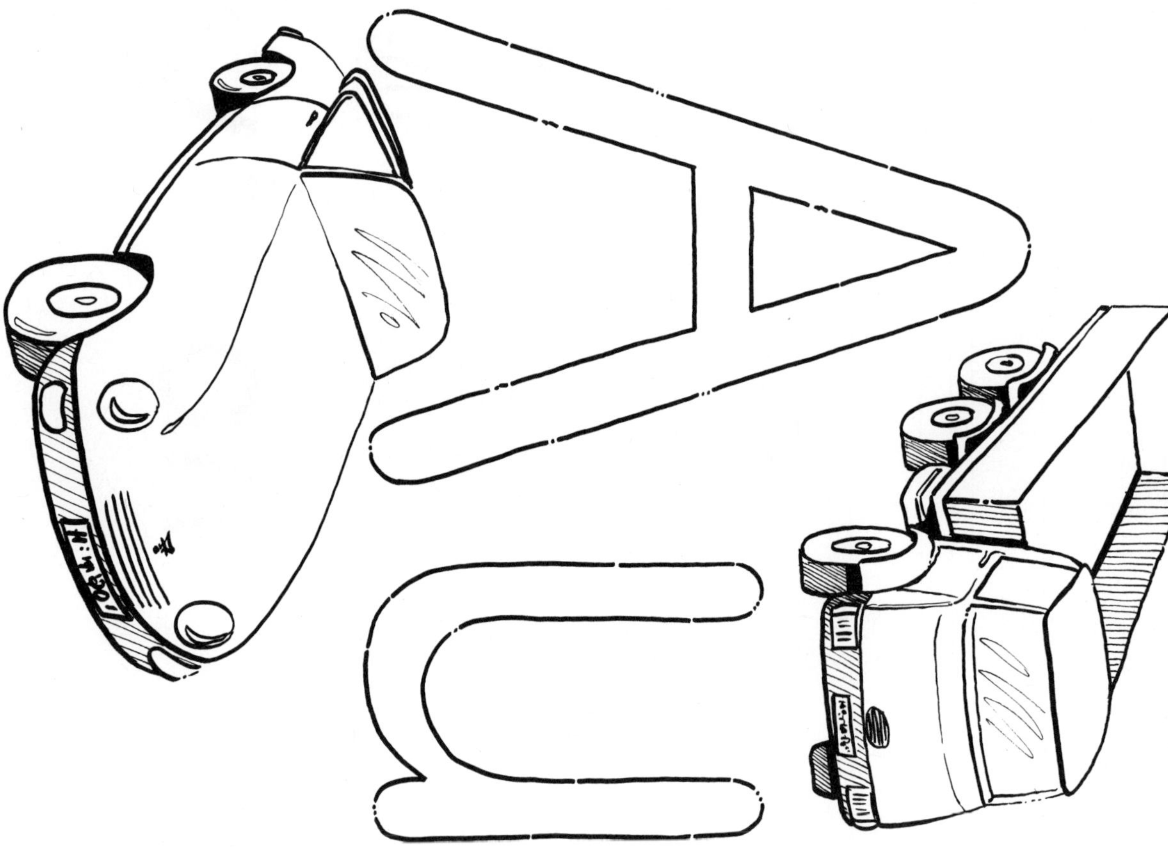

Name:

Au au

Au

au

Auto

Maus

Auge blau Haus auf August Zaun

Bestell-Nr. 3-507-40407-9

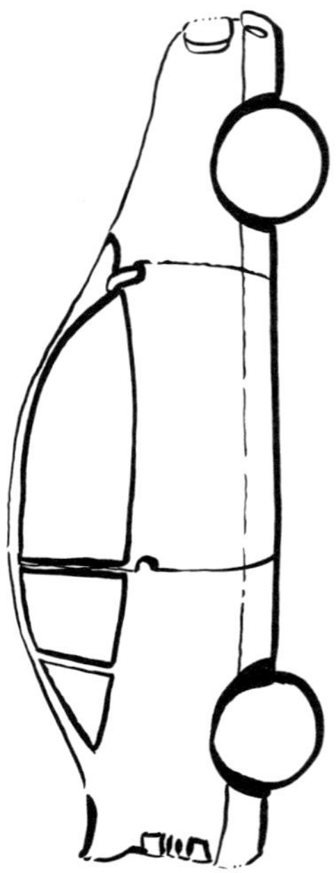

Mein Autobuch

Name:

Wunderkiste für Buchstabenwochen
Bestell-Nr. 3-507-40407-9
© 1997 Schroedel Verlag GmbH, Hannover

Au au

Name:

Haus

Automat

Ausweis

Male Bilder dazu.

© 1997 Schroedel Verlag GmbH, Hannover

Ausweis für

1

Adresse: ____________

Alter: ____________

2

Fingerabdruck:

Foto

3

4

Zum Buchstaben B

Kleinprojekte / Sachunterricht

- Bäcker
- Butterplätzchen backen
- Birne
- Ball (Ballon)
- Blumenzwiebeln
- Bohnen
- Buch (Bücherei)
- Bauernhof
- Burg
- Bach
- Bahnhof
- Bus
- Briefe/Briefpartner

Schreibanlässe

- Briefe
- Bauernhofgeschichten
- Backrezepte

Musik

Bella bimba (Kolibri 70)
Brüderchen, komm tanz mit mir (Kolibri 72)
Es tanzt ein Bi-Ba-Butzemann (Kolibri 72)
Bir mumdur (Kolibri 80, falls türkische Kinder in der Klasse sind)
Meine Biber haben Fieber (Kolibri 90)
Onkel Jörg hat einen Bauernhof (Kolibri 94)
Sieben kleine Bären (Kolibri 113)
Bimmelt was die Straß' entlang (M 2, Nr. 14)
Besuch auf dem Bauernhof (Rolf Zuckowski)
Boogie-Woogie (M 7)

Kunst

Buch herstellen
Bauernhof
Bleistiftbiber
Butler „Jumbo"
Bitte nicht stören! (Schild)
Briefpapier

Rezepte

Butterplätzchen

Zutaten (für 4 Kinder): 4 Eier, 1000 g Mehl, 250 g Zucker, je eine Tüte Vanillezucker/Backpulver.
Alle Zutaten verrühren und zu einem Teig kneten, dünn ausrollen und Plätzchen ausstechen.

Zungenbrecher / kleine Sprechspiele

Blaukraut bleibt Blaukraut und Brautkleid bleibt Brautkleid.

Sport und Spiele

Bälle

Anfang

Material: zwei Bälle
Die Kinder stellen sich im Kreis auf. An den gegenüberliegenden Seiten wird je ein Ball in den Kreis gegeben. Die Bälle werden im Uhrzeigersinn schnell weitergereicht. Wird ein Ball eingeholt, ist das Spiel zu Ende.
Variation: Auf ein vereinbartes Zeichen wechselt die Weitergaberichtung.

Hauptteil

Material: große und kleine Kästen, Dosen, Reifen, Seile, Gymnastikstäbe, Tennisbälle, Gymnastikbälle, Medizinbälle, Tischtennisbälle, andere Bälle
Mit den Materialien werden verschiedene Ballstationen aufgebaut. Dort werden die unterschiedlichen Bälle auf ihre Eigenschaften getestet: Kann der Ball springen, rollen, geworfen/gefangen/geprellt werden, ...?
Die Kinder bilden Gruppen und testen nacheinander alle Ballsorten (Stationenlernen).

Kegeln — Zwei Langbänke bilden eine Gasse, an ihrem Ende werden Keulen aufgestellt. Mit den verschiedenen Bällen wird versucht die Keulen umzukegeln.

Werfen 1 — Auf einem Kasten werden pyramidenförmig Dosen aufgestapelt, die mit den verschiedenen Bällen abgeräumt werden sollen.

Bestell-Nr. 3-507-40407-9

Bestell-Nr. 3-507-40407-9

Werfen 2 Bälle gegen die Hallenwand werfen und wieder auffangen.
Zielwurf Ein Reifen wird mit Klebeband an der Wand befestigt und dient als Zielscheibe für die Bälle.
Prellen Verschiedene Bälle von der einen Hallenseite zur anderen prellen.
Rollen Verschiedene Bälle auf dem Hallenboden entlang rollen, evtl. einer Spur folgen.
Slalom Bälle werden mit Gymnastikstäben um kleine Kästen herumgeführt.

Variation: Verschiedene Bälle werden in die Halle gegeben. Die Kinder experimentieren selbstständig mit ihnen. Auf ein Zeichen der Lehrerin treffen sie sich und tauschen ihre Erfahrungen aus. Die Ergebnisse werden zusammengetragen. Gemeinsam werden die verschiedenen Ballsorten entsprechend ihrer Eignung geprellt, geworfen, gefangen und gerollt.

Abschluss

Ballmassage; Material: Matten, Gymnastikbälle
Immer zwei Kinder gehen zusammen auf eine Matte. Das eine Kind legt sich bäuchlings auf die Matte, das andere massiert es vorsichtig mit dem Gymnastikball. Dazu evtl. Entspannungsmusik spielen.

Bergtour (Materialtag)

Anfang

In einem Gespräch über das Bergsteigen wird gesammelt, was alles für eine Bergtour benötigt wird und was die Kinder können müssen. Eventuell kann pantomimisch eine Bergtour durchgeführt werden, z. B. sich Bergsteigerschuhe anziehen, einen Rucksack aufsetzen, einen steilen Berg aufwärts gehen, über einen Bergbach springen, Tiere beobachten, eine Rast machen usw.

Hauptteil

Material: Sprossenwand, Weichbodenmatte, kleine und große Kästen, Stufenbarren, Tau, Matten, Seile, Ringe
Mit den Materialien weden Bergsteigerstationen gebaut, z. B.

Steilwand: Die Weichbodenmatte wird mit Seilen an der Sprossenwand befestigt. Ein Tau wird an dem oberen Holm der Sprossenwand befestigt, sodass die Kinder mithilfe des Taus die Wand hochklettern können.
hoher Berg: Mit kleinen und großen Kästen einen Kastenberg bauen.
Hängebrücke: Die Holme des Stufenbarrens werden auf die gleiche Höhe eingestellt. Zwischen den Holmen werden Seile befestigt, sodass die Kinder von der einen Seite zur anderen gelangen können.
Wackelbrücke: Eine Langbank wird in den Ringen befestigt. Hinter den Ringen steht ein großer Kasten, auf dem seitlich eine Leiter eingehängt ist.
Berggrat: Zwei Langbänke werden umgedreht und hintereinander gestellt. Auf ihnen können die Kinder balancieren.
Bergschlucht: Kleine Kästen werden vor und hinter die schwingenden Taue gestellt, sodass die Bergsteiger mithilfe des Taus über die Bergschlucht schwingen können.

Abschluss

Alle Kinder sitzen eng im Kreis. Ein Kind flüstert dem Nachbarn/der Nachbarin ins Ohr, was es auf die Bergtour mitnehmen will. Die Botschaft wird leise weitergeflüstert, bis sie beim letzten Kind angekommen ist. Das Kind nennt nun laut den Namen des Gegenstandes. Anschließend beginnt die Flüsterrunde neu bei einem anderen Kind.

Zusatzspiel: Buschtrommel

Alle Kinder sitzen mit geschlossenen Augen im Kreis. Die Lehrerin trommelt einen Rhythmus auf den Hallenboden. Die Kinder versuchen den Rhythmus nachzutrommeln.

Zusatzspiel: Brückenwacht

Material: Oberteile der großen Kästen
Die Oberteile der großen Kästen werden in der Hallenmitte quer von der einen Längsseite zur anderen gestellt. Die Kastenoberteile bilden die Brücke. Es werden zwei Brückenwächter bestellt, die auf die Brücke gehen. Die anderen Kinder stehen auf der einen Hallenseite und müssen versuchen die andere Hallenseite zu erreichen. Dabei müssen sie die Brücke überspringen. Werden sie von einem Brückenwächter gefangen, werden sie ebenfalls Brückenwächter.

B b

Name: ______________________

Lieber Felix !

____

____

____

____

Nach: Annette Langen / Constanza Droop: Briefe von Felix. Coppenrath-Verlag. Münster 1994.

B b

Name: ______________________

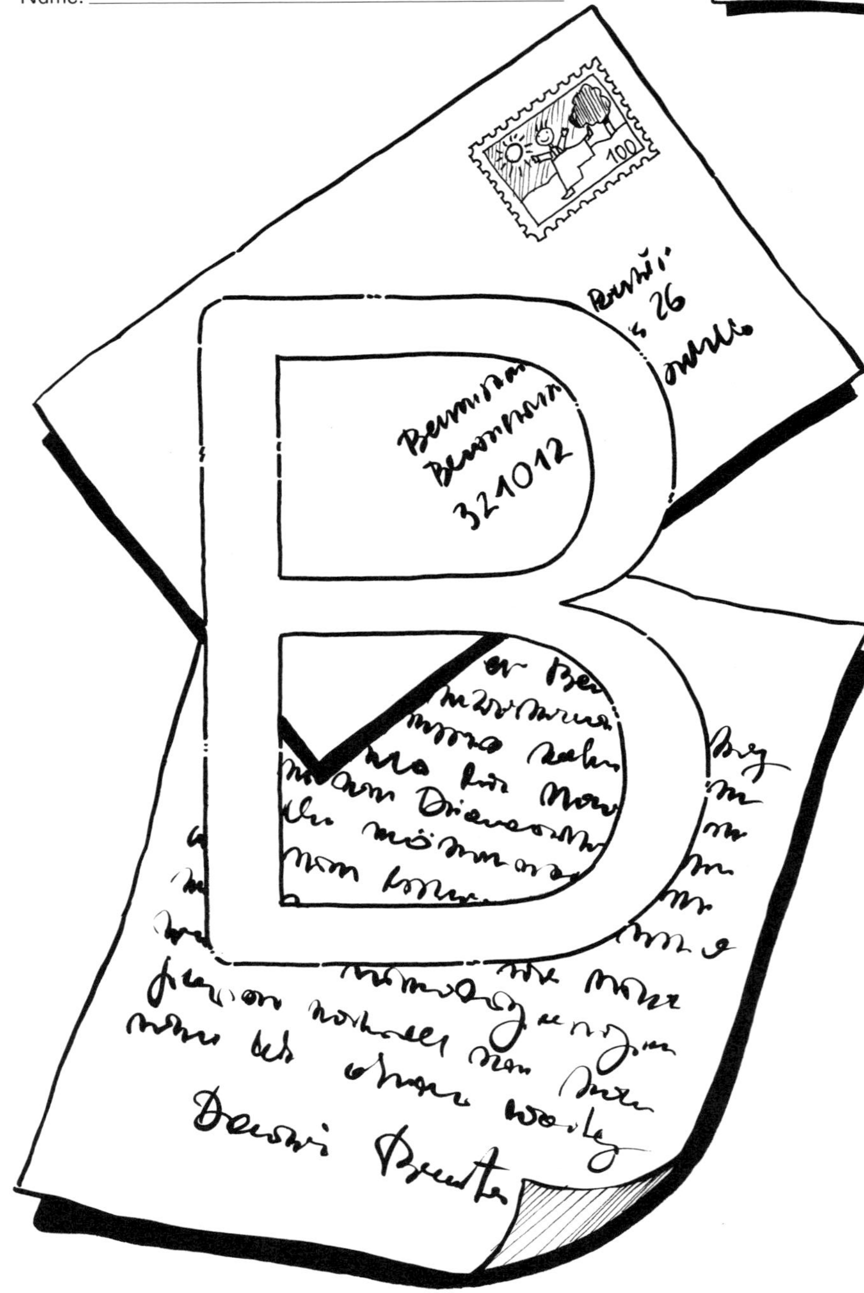

Name: ______________________

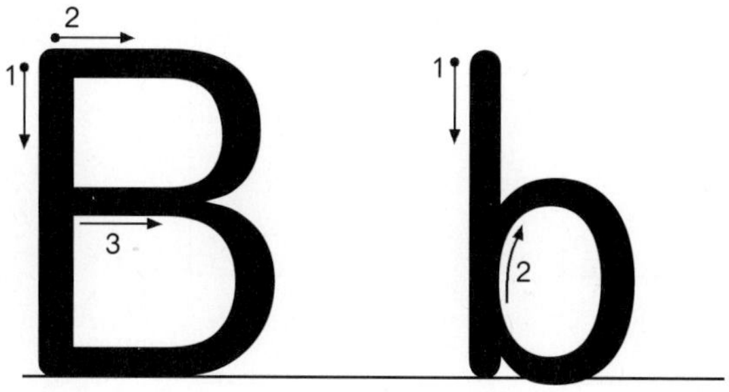

B

b

Ball

bunt

Brief backen Bus blau Bauernhof oben Buch

Bestell-Nr. 3-507-40407-9

Wunderkiste für Buchstabenwochen

Bimbo	
malt	kauft
Blumen	Bananen
mag	sammelt
Briefe	Briefmarken

B b

Name: __________

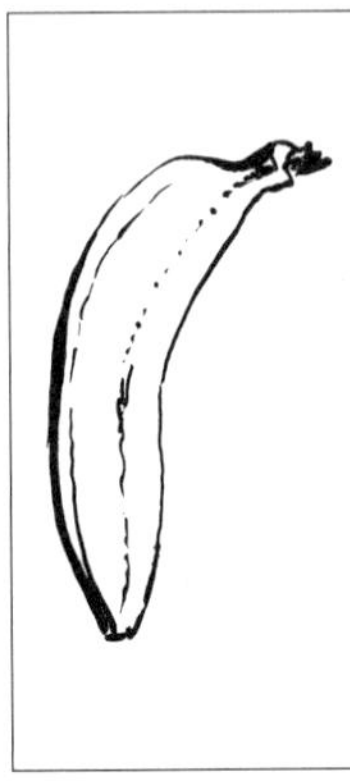

Banane

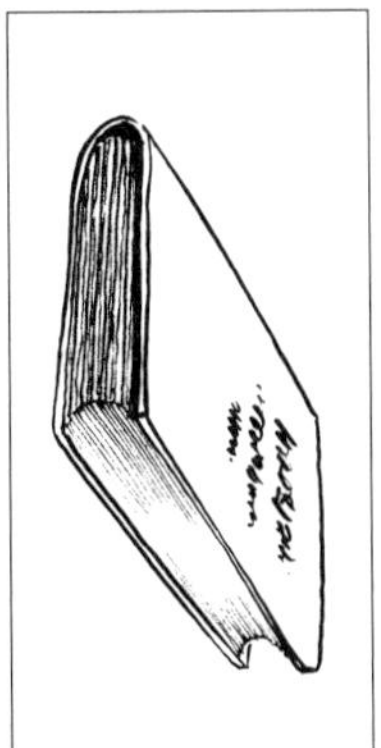

Buch

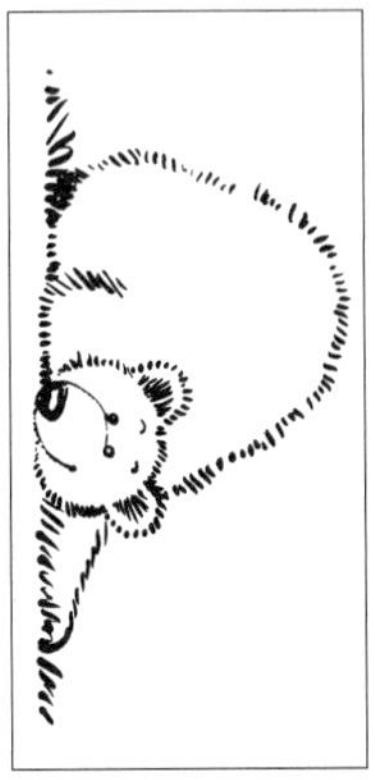

Bär

Rabe

Bestell-Nr. 3-507-40407-9

Zum Buchstaben C

Kleinprojekte / Sachunterricht

- Clown
- Cowboy
- Camping
- Computer
- Comic
- Chor

Schreibanlässe

- Clowngeschichten

Musik

Cha-cha-cha der Tiere (Kolibri 38)
Der Cowboy Jim aus Texas (Kolibri 63)
Drei Chinesen mit dem Kontrabass (Kolibri 79)
Carolin, die Wunderkuh (M 4)

Kunst

Clown spielen, malen, basteln
Cowboy-Kinder verkleiden sich
Clownbleistift (K 1, Seite 241)
Collage aus Fundstücken dekorativ gestalten

Zungenbrecher / kleine Sprechspiele

Cico, der Clown, liebt Claudia. (3-mal schnell hintereinander sprechen)

Sport und Spiele

Clown (Materialtag)

Anfang
Material: Kassettenrekorder und Zirkusmusik, z. B. „Hereinspaziert" (MK 2), rote Schminkfarbe
Alle Kinder bekommen mit Schminkfarbe einen roten Punkt auf die Wange gemalt und sind Clowns. Sie stellen sich hintereinander auf und strecken einen Arm durch die Beine zu dem Kind, das hinter ihnen steht. Die andere Hand wird nach vorn gereicht und fasst die Hand des vorderen Kindes. Die Clownschlange versucht langsam durch den Raum zu gehen. Stoppt die Musik, bleibt die Schlange stehen. Die Lehrerin/der Lehrer gibt eine neue Formation bekannt, z. B.: Alle legen die Hände auf die Schultern des vorderen Kindes; alle gehen auf allen vieren und fassen die Füße des vorderen Kindes usw.

Hauptteil
Material: große und kleine Kästen, Matten, Weichbodenmatte, Stufenbarren, Langbänke, Reifen, Luftballonball (Einen Luftballon mit ein wenig Wasser füllen, ihn in einen anderen Luftballon stecken und den aufblasen. So entsteht ein Luftballon mit besonderen Flugeigenschaften.)
Die Lehrerin/der Lehrer unterhält sich mit den Kindern über Kunststücke, die ein Clown im Zirkus vorführt. Es werden Stationen aufgebaut, an denen Kunststücke eingeübt werden können.

Rolle vorwärts	Kleine Matten hintereinander legen, eventuell auf eine schiefe Ebene bauen.
unterschiedliche Schritte	Reifen werden in unterschiedlichen Abständen hintereinander gelegt, sodass die Clowns kleine und große Schritte üben können.
Sprünge üben	Kleine Matten hintereinander legen, hinter die letzte Matte ein Sprungbrett stellen, dahinter die Weichbodenmatte legen.
vorwärts balancieren	Auf hintereinander stehenden Langbänken balancieren, evtl. eine Bank umdrehen.
rückwärts balancieren	Mehrere große Kastenoberteile aneinander legen und darauf balancieren.
Schubkarre fahren	Zwei Kinder gehen zusammen, ein Kind nimmt die Füße des anderen Kindes in die Hand. Dieses Kind läuft auf den Händen vorwärts.
am Stufenbarren hangeln	Holme so stellen, dass die Kinder von einer Seite zur anderen hangeln können.
Luftballon werfen	Zwei Clowns werfen sich den Luftballon zu und versuchen ihn aufzufangen.
Bewegungen imitieren	Ein Clown macht eine Bewegung vor, der andere macht sie nach.

Nacheinander führen die Clowns die geübten Kunststücke der Gruppe vor.

Schluss
Die Zirkusmusik erklingt, die Clowns gehen durch die Halle. Stehen sich zwei Clowns gegenüber, verabschieden sie sich. Die Lehrerin/der Lehrer nennt jeweils die Verabschiedungsform, z. B. sich mit dem Po berühren oder mit den Nasen oder mit den Füßen ...

C c

Name: ____________________

C c

Name: ____________________

Wunderkiste für Buchstabenwochen
Bestell-Nr. 3-507-40407-9
© 1997 Schroedel Verlag GmbH, Hannover

Bestell-Nr. 3-507-40407-9

Wunderkiste für Buchstabenwochen

Name: ______________________

C c ch

C

c

Clown

Comic

ich

Computer Cowboy Chor lachen Chips

Zum Buchstaben D

Kleinprojekte / Sachunterricht

- Dinosaurier
- Drachen (Crisu)
- Dampfmaschine
- Detektiv / Dieb
- Dorf
- Druckerei

Schreibanlässe

- Dinogeschichte
- Texte drucken
- „Im Dorf"

Musik

Wenn der Elefant in die Disco geht (Kolibri 84)
Dracula-Rock
Drachen im Wind (Rolf Zuckowski)
Dunkel war's, der Mond schien helle
„Donner" nachmachen

Kunst

Dinosaurierlandschaft herstellen
Drachen basteln
Daumenkino
drucken

Zungenbrecher / kleine Sprechspiele

Der dürre Dieb trägt den dicken Dieb durch das ganze Dorf.
Sieben dumme Düsseldorfer Detektive liefen hinter sieben nudeldicken Dackeln her.

Sport und Spiele

Dschungel

Anfang
Gespräch über die Tiere, die im Dschungel leben
Auftaktspiel: Musikstoppspiel mit dem Dschungelbuchlied „Wenn die Frühpatrouille naht" (MK 3), dazu gehen die Kinder in „Elefantengruppen" zusammen und stoppen, wenn das Lied unterbrochen wird. Die Lehrerin/der Lehrer gibt die Bewegungsrichtung nach jedem Stopp neu an.

Hauptteil
Material: große und kleine Kästen, Langbänke, Stufenbarren, Weichbodenmatten, kleine Matten, Taue, Sprossenwand, Seile
Mit den Materialien werden Lebensbereiche für die Dschungeltiere aufgebaut, z. B.:
- Für die Affen werden zwei Langbänke, rechts und links von den Tauen, aufgestellt, sodass sie von einer zur anderen Langbank schwingen können.
- Besucher und Besucherinnen des Dschungels können über eine Hängebrücke (zwischen den Holmen des Stufenbarrens werden Seile gespannt) gehen.
- Löwen kriechen zwischen den Büschen (kleine Kästen, über die Matten gelegt werden, stehen versetzt).
- Schlangen kriechen durch den Dschungel (auf den Weichbodenmatten).

Abschluss
Entspannung: Je zwei Kinder gehen zusammen; ein Kind legt sich bäuchlings auf die Matte. Das andere Kind lässt mit den Händen „Tiere" über den Rücken des Kindes gehen, die von dem Kind erraten werden (z. B. kriechen wie eine Schlange, gehen wie ein Elefant, schleichen wie ein Löwe, ...).

Dosen

Anfang
Material: Dosen, Tischtennisbälle
Alle Kinder haben eine Dose in der Hand und stellen sich im Kreis auf. Zwei Tischtennisbälle werden an verschiedenen Stellen des Kreises in die Dosen gegeben. (Je nach Gruppengröße können auch mehr Tischtennisbälle in den Kreis gegeben werden.)

Bestell-Nr. 3-507-40407-9

Die Tischtennisbälle werden von einer Dose zur nächsten weitergegeben, ohne dass sie auf den Hallenboden fallen. Klatscht die Lehrerin/der Lehrer in die Hände, wechselt die Richtung, in der die Tischtennisbälle weitergegeben werden.

Hauptteil

Material: Dosen, Bälle (Tennisbälle und Gymnastikbälle), kleine und große Kästen

Spiele mit Dosen

1. Auf Dosen werfen
Auf den kleinen und großen Kästen werden die Dosen pyramidenförmig aufgebaut. Variiert wird hier in der Höhe der Kästen, in der Höhe der Dosenpyramiden, in der Größe der Bälle und in dem Abstand der Kinder zur „Wurfbude" (große und kleine Kästen). Die Kinder wählen zwischen den einzelnen Schwierigkeitsgraden und wechseln sich ab mit dem Aufstellen der umgeworfenen Dosen. Nach einer vorher vereinbarten Anzahl von Würfen wird gewechselt.

2. Dosenslalom
Die Dosen werden so aufgestellt, dass die Kinder zwischen den Dosen Slalom laufen können.
- Die Fortbewegungsart wird variiert (auf dem rechten oder linken Bein hüpfen, kriechen, in der Hocke fortbewegen, rückwärts gehen und dgl.)
- Zwei Kinder bilden ein Paar. Eines der Kinder schließt die Augen und wird von dem anderen Kind durch verbale Anweisungen durch die Dosen gelotst. Anschließend werden die Rollen getauscht.
  Variation: Das „blinde" Kind wird durch die Berührung der Schulter in die gewünschte Richtung geführt. Wird es nicht berührt, geht es geradeaus.
- Gymnastikbälle werden mit Gymnastikstäben um die Dosen herumgeführt.

3. Auf Dosen balancieren
Die Dosen werden hintereinander gestellt, sodass die Kinder darüber balancieren können.

Abschluss

Material: Dosen, zwei Gymnastikbälle
Alle Kinder haben eine Dose in der Hand und stellen sich im Kreis auf. Zwei Gymnastikbälle werden an verschiedenen Stellen in den Kreis gegeben und vorsichtig von einer Dose zur anderen balanciert. Die Bälle dürfen dabei nicht auf den Boden fallen.

Zusatzspiel: Dosenlauf

Material: zwei Dosen pro Kind, dickes Band (Kordel)
Mit Dosen und Band werden „Laufdosen" hergestellt. In die Dosen werden an gegenüberliegenden Stellen in gleicher Höhe zwei Löcher gebohrt, sodass die Kordel durchgezogen werden kann. Das Band sollte so lang sein, dass das Kind aufrecht stehen kann. Das Band wird in der Dose festgeknotet.
Jedes Kind erhält ein Dosenpaar und läuft in der Halle um Hindernisse herum (Langbänke, kleine und große Kästen und dgl.). Es können auch Paare gebildet werden. Ein Kind geht vor, das andere läuft hinterher und gibt Anweisungen (z. B. rechts, links, geradeaus usw.), nach denen das vordere Kind gehen muss.

Zusatzspiel: Drachenspiel

Ein Kind übernimmt die Rolle des Drachen und geht in seine Drachenhöhle, die sich in einer Hallenecke befindet; der Drache schläft. Die anderen Kinder schleichen sich vorsichtig an den Drachen heran und rufen mehrmals: „Drache, schläfst du noch?" Der Drache wacht auf und versucht Kinder zu fangen. Alle gefangenen Kinder werden zu Drachen und fangen beim nächsten Durchgang ebenfalls Kinder. Die Drachen geben sich untereinander Zeichen und rennen gemeinsam los. Das Spiel ist zu Ende, wenn nur noch ein Kind übrig bleibt. Dieses Kind kann dann wieder neu anfangen und die Rolle des Drachen übernehmen.

Zusatzspiel: Detektivspiel

Zwei Kinder sind Räuber und zwei Kinder sind Detektive. Alle anderen Kinder laufen durch die Halle. Die Räuber übernehmen die Rolle der Fänger, die Detektive die der Erlöser. Kinder, die gefangen wurden, müssen still stehen bleiben. Die Detektive können durch kurze Berührung die abgeschlagenen Kinder erlösen.

Bestell-Nr. 3-507-40407-9

D d

Name: ______________________

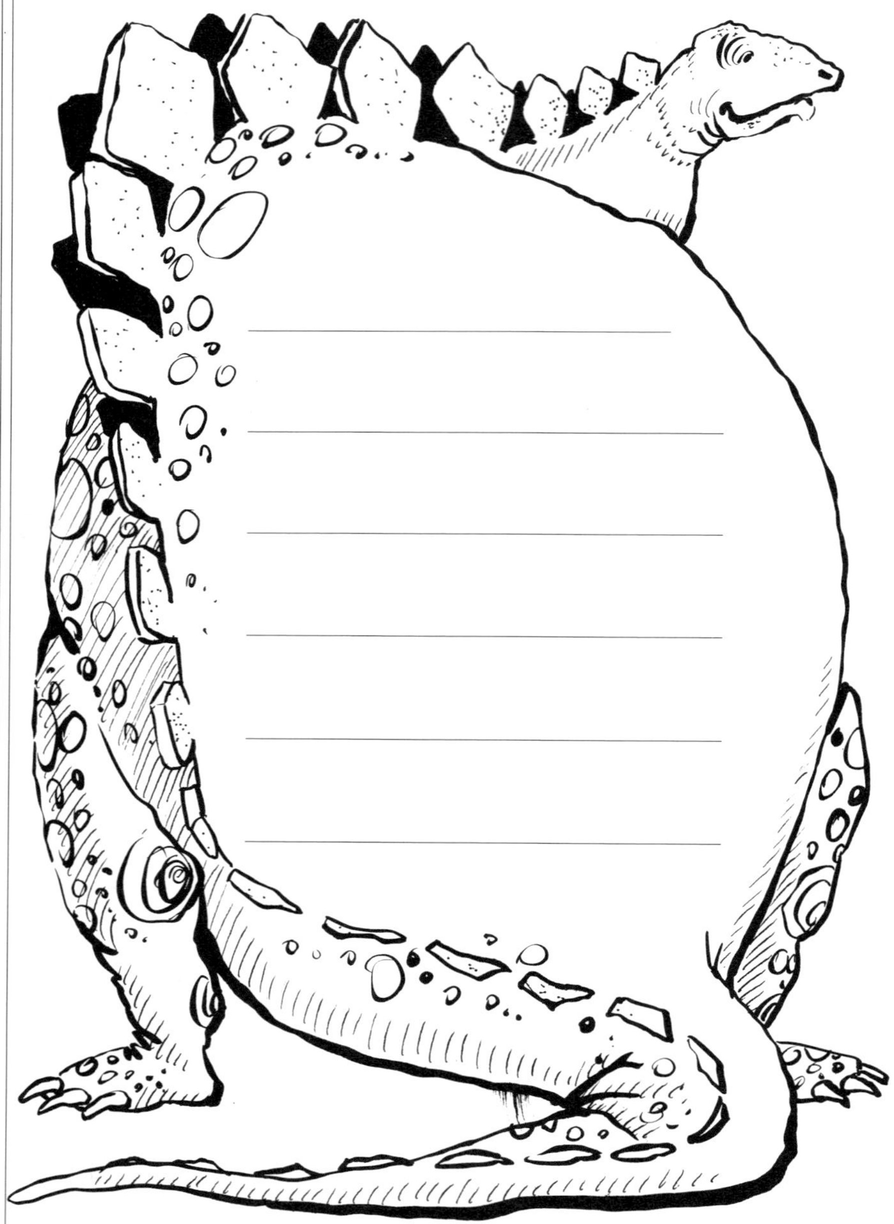

D d

Name: ______________________

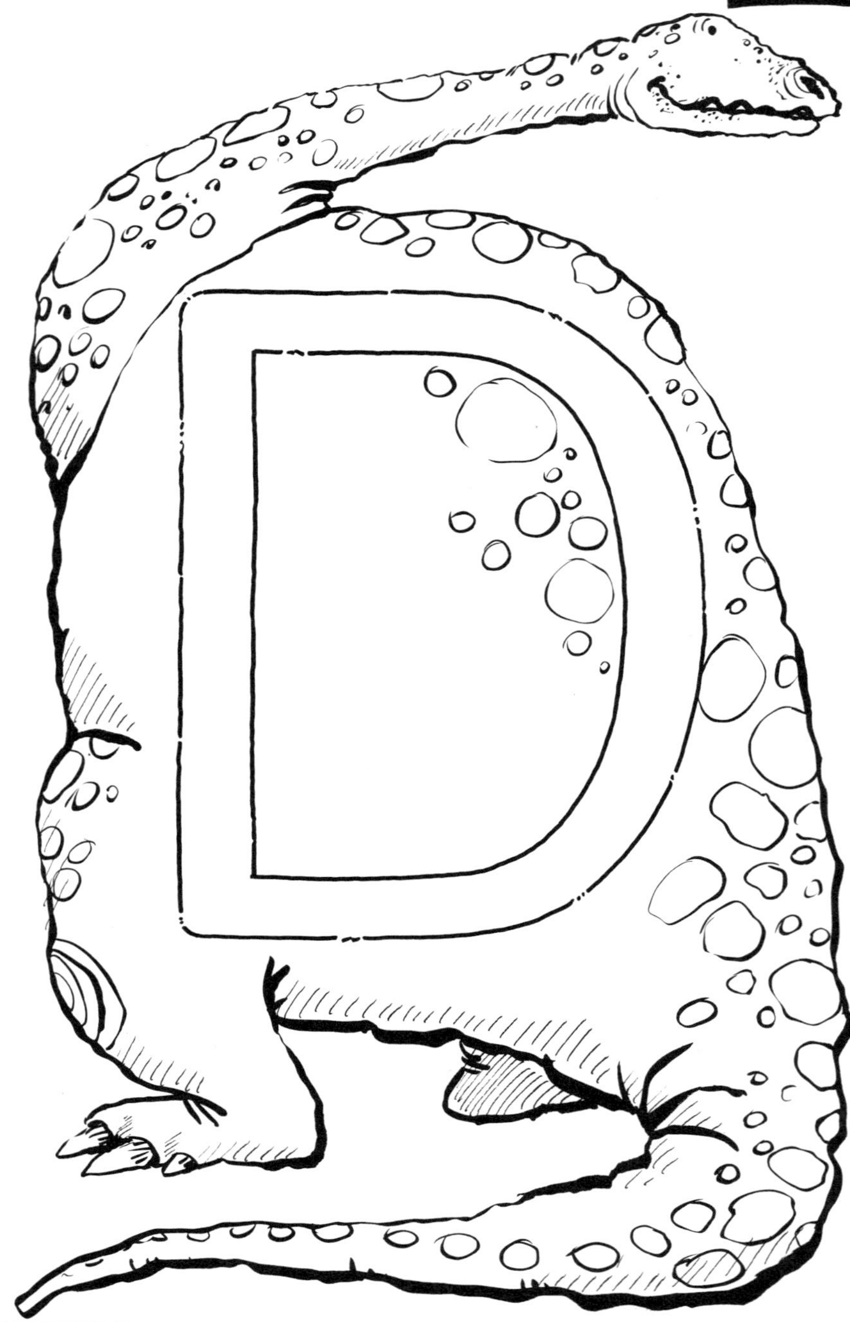

Bestell-Nr. 3-507-40407-9

Wunderkiste für Buchstabenwochen

Name: ______________________________

D d

D

d

Dino

der Drache

du

Dame dumm Dromedar dunkel dich

Zum Buchstaben E

Kleinprojekte / Sachunterricht

- Elefant
- Esel
- Engel
- Rund um die Erdbeere
- Ente
- Edelsteine

Schreibanlässe

- Lese-/Schreibbuch „Elefant"
- Rezept „Erdbeertörtchen"

Musik

Was müssen das für Bäume sein (Kolibri 73)
Ein Elefant wollt bummeln gehn (Kolibri 78)
Elefantentwist (M 6)
Ein Elefant,
der balanciert auf einem Spinnennetz (M 8)
Ein kleines graues Eselchen
(Text und Melodie traditionell)

Entenrennen (M 3)
Ente Emma (M 3)

Kunst

Elefanten aus Ton formen
Eskimos aus Korken, Leder und Teddystoffresten (K 4, Seite 26)
Elefant aus Webpelz auf eine vorbereitete Klappkarte kleben (K 10, Seite 14)
Enten aus Papier und Pappe basteln

Rezepte

Arbeitsblatt „Erdbeertörtchen"

Zungenbrecher / kleine Sprechspiele

Der Elefant,	(mit dem Arm als Rüssel schwenken)
grau wie ein Stein,	(mit beiden Händen einen großen Stein umrunden)
hat Zähne ganz aus Elfenbein.	(schwungvoll Stoßzähne andeuten)
Wie ein Gebirg' steht er herum,	(Wellenbewegungen)
zehn Männer werfen ihn nicht um.	(zehn Finger im Rhythmus zeigen)

Esel essen Nesseln gern, Nesseln essen Esel gern.

Sport und Spiele

Esel

Anfang
Spiellied: Ein kleines graues Eselchen
Lehrerin/Lehrer und Kinder singen das Lied. Die Kinder werden kleine Esel und bewegen sich entsprechend durch die Halle. Anschließend gehen immer zwei Esel hintereinander, dann vier, dann acht usw., bis alle Esel hintereinander durch die Halle trampeln.

Bestell-Nr. 3-507-40407-9

Hauptteil

Material: Matten, kleine Kästen, Langbänke und kleine Gegenstände, die von den Kindern auf dem Rücken transportiert werden können (z. B. Sandsäckchen, Bierdeckel, Schwämme, Schaumstoffwürfel und dgl.).

Die Lehrerin/der Lehrer und die Kinder unterhalten sich darüber, dass der Esel oft als Lastentier genutzt wird. Es werden Stationen aufgebaut. Hierhin sollen die Esel kleine Gegenstände bringen. Zwei Kinder gehen immer zusammen: Ein Kind übernimmt die Rolle des Esels, das andere belädt ihn. Anschließend werden die Rollen getauscht. Die Esel transportieren die Materialien z. B.

- über eine Mattenbahn (mehrere kleine Matten hintereinander legen)
- um kleine Kästen herum
- über kleine Kästen, die hintereinander stehen
- über einen Mattenberg (eine Weichbodenmatte über eine Langbank legen)
- auf einer Langbank.

Nach jeder Station dürfen die Esel einmal ohne Last durch die Halle laufen um sich von der Arbeit zu erholen.

Abschluss

Material: Schwämme oder Tücher

Die Esel haben angestrengt gearbeitet und müssen sich erholen. Je zwei Kinder gehen auf eine Matte. Der Esel legt sich auf die Matte und das andere Kind striegelt den Esel vorsichtig mit einem Schwamm oder Tuch ab.

Zusatzspiel: Elefantenhaschen

Ein Kind übernimmt die Rolle des Fängers. Es legt die linke Hand auf die rechte Schulter, den rechten Arm steckt es durch den angewinkelten Arm, sodass ein Elefantenrüssel entsteht. Mit dem Elefantenrüssel versucht es die anderen Kinder zu berühren. Hat es ein Kind berührt, so wird dieses zum neuen Fänger mit Elefantenrüssel.

Bestell-Nr. 3-507-40407-9

E e

Name: ______________________

Meine Erfindung

E e

Name: ______________________

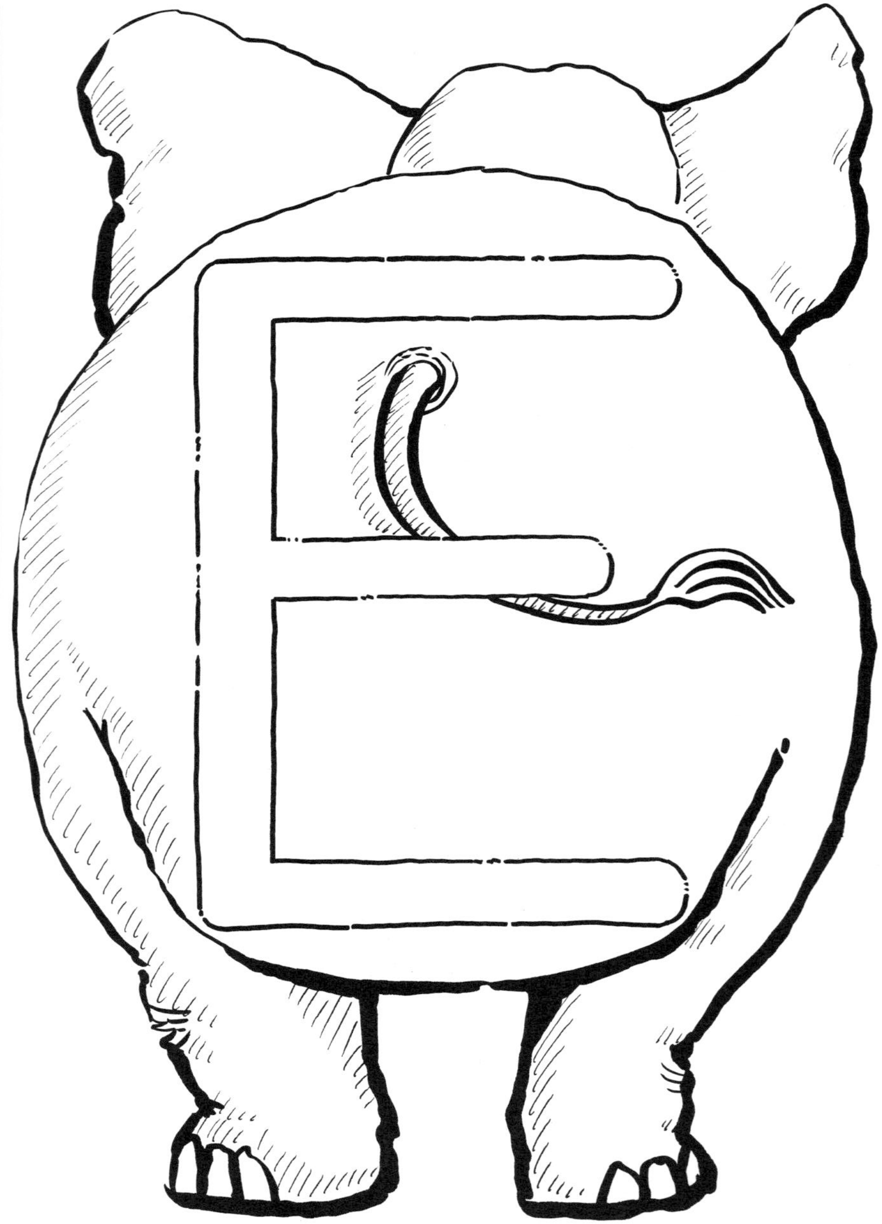

Name: ____________________________________

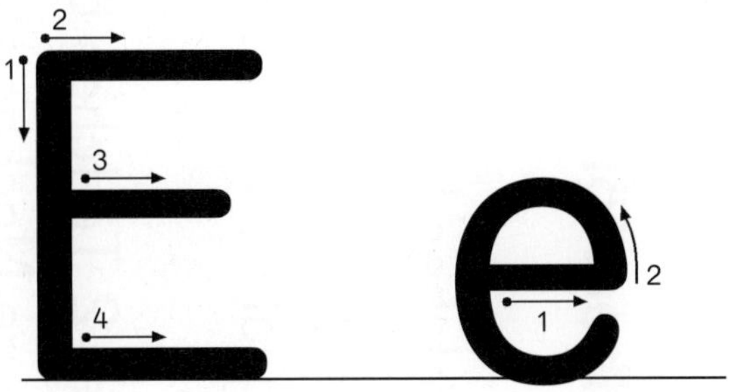

E

e

Esel

Elefant

Erdbeere er Ente der Else Eber

Bestell-Nr. 3-507-40407-9
Wunderkiste für Buchstabenwochen

Mein Kochbuch

Name: ______________________

Erdbeertörtchen

Fertige Törtchen besorgen,
mit Erdbeeren belegen,
mit Schlagsahne verzieren

Wenn jeder 2 Törtchen belegt,
könnt ihr eure Nachbarklasse
einladen.

Wunderkiste für Buchstabenwochen Bestell-Nr. 3-507-40407-9

Name: ______________________

Der Elefant ______________________

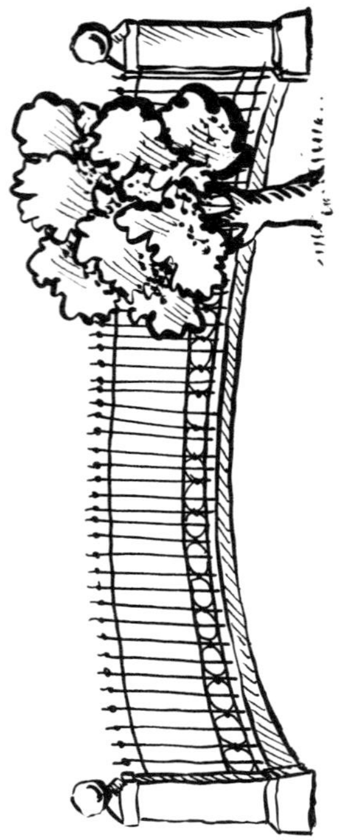

______________________ lebt im Zoo.

Wunderkiste für Buchstabenwochen Bestell-Nr. 3-507-40407-9 © 1997 Schroedel Verlag GmbH, Hannover

Zur Buchstabenfolge Ei

Kleinprojekte / Sachunterricht

- Eis
- Eichhörnchen
- Ei (falls Ostern nahe ist)
- Eisenbahn
- Eisbär

Schreibanlässe

- Eisgeschichten
- Namen auf Eier schreiben, kratzen

Musik

Ein kleiner Kuss (M 5)
Eisenbahn von nah und fern
Ein kleines graues Eselchen
(Text und Melodie siehe Buchstabe E)

Kunst

Eistüte malen
Eierkranz/Eier bemalen
Eintrittskarten

Zungenbrecher / kleine Sprechspiele

Ein Ei – eins, zwei, drei,
fiel hin und war entzwei.

Sport und Spiele

Eisenbahn

Anfang
Material: „Eisenbahnlied" von Hering/Meyerholz (MK 1)
Die Kinder hören zuerst den Liedtext an. Jeweils zwei Kinder gehen zusammen und stellen sich hintereinander. Das hintere Kind legt die Hände auf die Schultern des vorderen Kindes. Beide bilden eine Eisenbahn. Anschließend bewegen sie sich dem Text entsprechend.

Hauptteil
Material: Reifen (eventuell große Kastenteile, falls die Reifenanzahl nicht ausreicht), Seile, grünes und rotes Tuch
Die Reifen (Eisenbahnwagen) werden hintereinander gelegt und mit Seilen verbunden. Je nach Anzahl der Kinder werden zwei oder drei Eisenbahnen gebildet. Die Kinder stellen sich in die Reifen, heben sie mit beiden Händen an und fahren nach einem verabredeten Zeichen los (Lehrerin/Lehrer hebt ein grünes Tuch hoch). Gibt die Lehrerin/der Lehrer ein Stoppzeichen (rotes Tuch), ist die Eisenbahn am Zielort angekommen und bleibt stehen. Zielorte sind Länder, in denen besondere Bedingungen herrschen, die von den Kindern pantomimisch ausgedrückt werden. Die Lehrerin/der Lehrer stellt kurz das Land vor, in dem die Eisenbahn angekommen ist, z. B. im Regenland: „Es regnet schon seit Tagen. Auf den Straßen haben sich Pfützen gebildet. Wir ziehen unsere Gummistiefel an, nehmen unseren Regenschirm und gehen durch den Regen.
Es fängt an zu stürmen, wir müssen den Schirm gut festhalten."
Anschließend steigen alle Kinder wieder in die Eisenbahn und die Reise geht weiter, z. B. ins
- Land der Fröhlichkeit: Kinder lachen und hüpfen
- Land der Traurigkeit: Kinder laufen mit gesenktem Kopf durch die Halle
- Land der Wut: Kinder stampfen mit den Füßen auf
- Land der Riesen: Kinder machen sich so groß wie Riesen
- Land der Zwerge: Kinder machen sich so klein wie Zwerge.

Abschluss
Material: „Eisenbahnlied" von Hering/Meyerholz
Alle Kinder fassen sich an den Händen und bewegen sich dem Text entsprechend durch die Halle.

Bestell-Nr. 3-507-40407-9

Ei ei

Name: ______________________

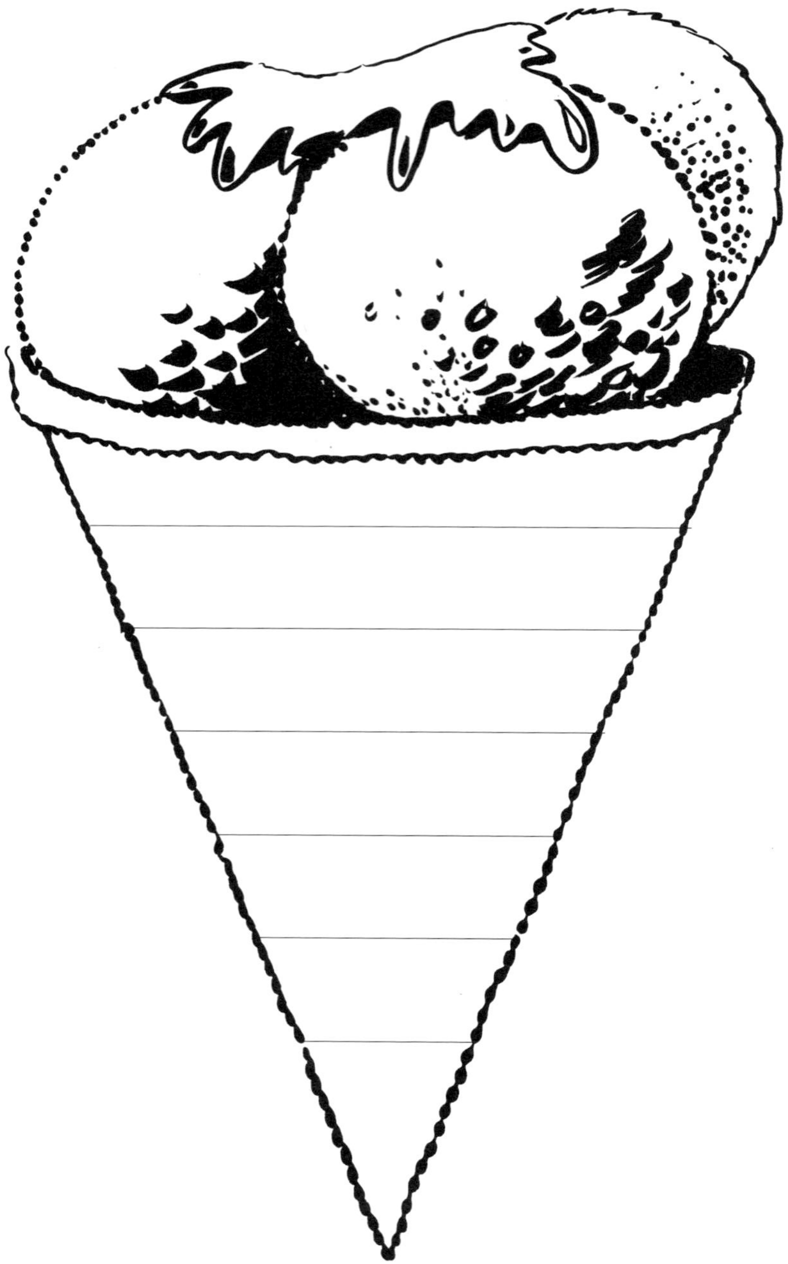

Ei ei

Name: ______________________

Ei ei

Name: ______

Eimer

Eis

Eiche

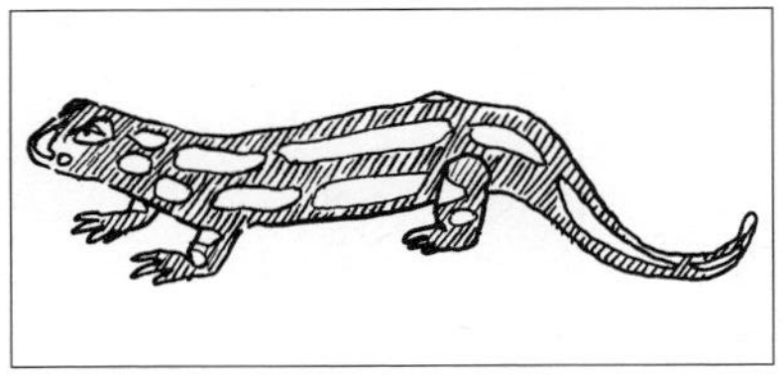

Eidechse

Einbaum eins drei Eisenbahn

Einladung Eingeborener Meise

Name: ______

Ei ei

Ei

ei

Eis

ein

Eisen zwei Eisbär drei Ameise leise

Bestell-Nr. 3-507-40407-9

Zum Buchstaben F

Kleinprojekte / Sachunterricht

- Fingerabdrücke
- Fotos/Fotoalbum
- Fische (evtl. Regenbogenfisch)
- Fahnen
- Familie
- Feuerwehr/Feuerwerk
- Fühlkiste
- Fasching
- Frösche
- Fee
- Frühstück
- Flugzeug
- Freunde
- Farben

Schreibanlässe

- Klassenbuch der Fingerabdrücke
- Klappbuch „Fifi"
- Fahnenbuch
- Feuerwehrgeschichten
- „Meine Familie"

Musik

Der Frosch zog Hemd und Hose an (Kolibri 91)
Heut' ist ein Fest bei den Fröschen ... (Kolibri 98)
Lied, Spiel und Geschichte zum Regenbogenfisch (Nord/Südverlag)
Jetzt fängt das schöne Frühjahr an (Kolibri 17)
Ferienzeit (Kolibri 25)
Der Theodor im Fußballtor (Kolibri 61)
Seeräuber Opa Fabian (Kolibri 158)
Ferien, Ferien, nichts zu tun (M 2, Nr. 24)
Flummilied
Flöte basteln/spielen

Kunst

Federschmuck
Fingerabdrücke
mit Fingerfarben malen
Fahnen

Zungenbrecher / kleine Sprechspiele

Fischers Fritz fischt frische Fische, frische Fische fischt Fischers Fritz.
Wenn Fliegen hinter Fliegen fliegen, fliegen Fliegen Fliegen nach.

Sport und Spiele

Mit dem Flugzeug unterwegs

Anfang
Fingerspiel

Auf einer langen, langen Bahn ein Flugzeug fängt zu rollen an, es hebt sich in die Luft sodann	(Die rechte Hand stellt mit gespreiztem kleinen Finger und Daumen das Flugzeug dar, das über den linken gestreckten Arm anrollt.)
und immer höher steigt es an, bis ich es kaum noch sehen kann.	(Die rechte Hand wird nach oben bewegt.)
Ich bleibe winkend unten steh'n,	(Die linke Hand winkt der rechten Hand zu.)
seh' oben es im Flug sich dreh'n.	(Die rechte Hand dreht sich hin und her.)

(Aus: Marga Arndt/Waltraud Singer: Das ist der Daumen Knudeldick. Ravensburger, 1980)

Hauptteil
Material: zwei Weichbodenmatten, kleine Matten, zwei kleine Kästen, eine Langbank

Bestell-Nr. 3-507-40407-9

Wunderkiste für Buchstabenwochen

1. Aus den Materialien wird ein Flugzeug gebaut: Der Flugzeugrumpf besteht aus zwei Weichbodenmatten, für die Flügel werden die kleinen Matten rechts und links an die Weichbodenmatten gelegt, für das Cockpit werden die beiden kleinen Kästen vor eine Weichbodenmatte gestellt, die Langbank wird als Treppe an die Weichbodenmatte geschoben.

Die Kinder und die Lehrerin/der Lehrer bauen gemeinsam das Flugzeug. Mit einem „Konstruktionsplan" können die Kinder das Flugzeug eventuell selbsttätig aufbauen.

2. Zwei Kinder übernehmen die Rolle von Pilotin und Kopilot und setzen sich auf die beiden kleinen Kästen. Drei bis fünf Kinder sind Stewards und Stewardessen, die anderen Kinder sind Passagiere. Sie gehen über die Langbank in das Flugzeug und werden von den Stewards und Stewardessen auf ihre Plätze (auf der Weichbodenmatte) geführt. Wenn alle Passagiere eingestiegen sind, startet das Flugzeug.

Das Flugzeug landet in den unterschiedlichsten Ländern. In jedem Land ist eine ganz bestimmte Fortbewegungsart vorgeschrieben: Im Hüpfland darf man nur hüpfen, im Kriech-, Lauf-, Hinkel- und Schleichland entsprechend kriechen, ... In einigen Ländern gibt es Tiere zu beobachten, Blumen zu pflücken, Pilze zu sammeln usw.

Die Rollen von Pilotin, Kopilot, Steward und Stewardessen sollten mehrmals gewechselt werden.

Abschluss

Fingerspiel vom Anfang mit der zusätzlichen Strophe:

Ach, wie wäre es so schön,
könnt' ich die Welt von oben seh'n. (Mit beiden Händen einen Kreis beschreiben (die Erdkugel) und anschließend auf die Erde herabblicken (Hand als Blendschutz vor die Stirn halten).)

Feuerwehr (Materialtag)

Anfang

Gespräch über die Feuerwehr, in dem u. a. besprochen wird, dass die Feuerwehrleute sehr schnell sein müssen um an der Unfallstelle rechtzeitig helfen zu können.

Material: Tamburin, Weichbodenmatte

Anfangsspiel: Die Kinder (Feuerwehrleute) laufen so schnell wie möglich durch die Halle, ohne sich gegenseitig zu berühren. Schlägt die Lehrerin/der Lehrer auf das Tamburin, laufen alle Kinder auf die Weichbodenmatte (das Feuerwehrauto). Sind alle Feuerwehrleute im Feuerwehrauto, beginnt das Spiel.

Hauptteil

Material: Sprossenwand, Leiter, Weichbodenmatte, Matten, Langbänke, Taue, kleine und große Kästen, Medizinbälle

Aus den zur Verfügung stehenden Materialien werden folgende Stationen aufgebaut, an denen die wichtigsten motorischen Fähigkeiten von Feuerwehrleuten geübt werden:

Klettern	Eine Leiter wird auf einer Seite in die Ringe gehängt. Unter den Ringen steht ein großer Kasten. Die Kinder erreichen über die Wackelleiter den großen Kasten und steigen über kleine Kästen, die dahinter stehen, wieder ab.
Springen	Vor einen hohen Kasten wird eine Weichbodenmatte gelegt. Die Kinder springen vom Kasten auf die Weichbodenmatte.
Kriechen	Über zwei parallel gegenüberstehende Langbänke werden Matten gelegt. Die Kinder kriechen durch den Tunnel. Falls Kriechtunnel vorhanden sind, können auch sie eingesetzt werden.
Balancieren	Eine Langbank wird auf zwei gegenüberstehende kleine Kästen gelegt. Die Kinder balancieren auf der Langbank. Kinder, die sicher balancieren können, transportieren zusätzlich Medizinbälle von einer Seite auf die andere.
Schwingen	Einen hohen Mattenberg aufbauen, sodass die Kinder mit dem Tau auf den Mattenberg hinaufschwingen können.
Rutschen	Eine Langbank wird in die Sprossenwand gehängt. Die Kinder klettern die Sprossenwand hoch und rutschen die Langbank hinunter.

Abschluss

Material: 3 oder 4 Reifen

Je nach Anzahl der Kinder werden drei oder vier Feuerwehrgruppen gebildet. Die Reifen werden in der Halle verteilt. Alle Feuerwehrleute laufen (eventuell mit Musik) durch die Halle (nicht in Gruppen). Ruft die Lehrerin/der Lehrer „Feuer!", stellen sich die Feuerwehrgruppen hinter irgendeinen Reifen. Steht jede Feuerwehrgruppe hinter ihrem Reifen, beginnt das Spiel neu. Ruft die Lehrerin „Feuerwehr!", müssen sich alle Gruppen hintereinander stellen.

Name: ____________

F f

Name: ____________

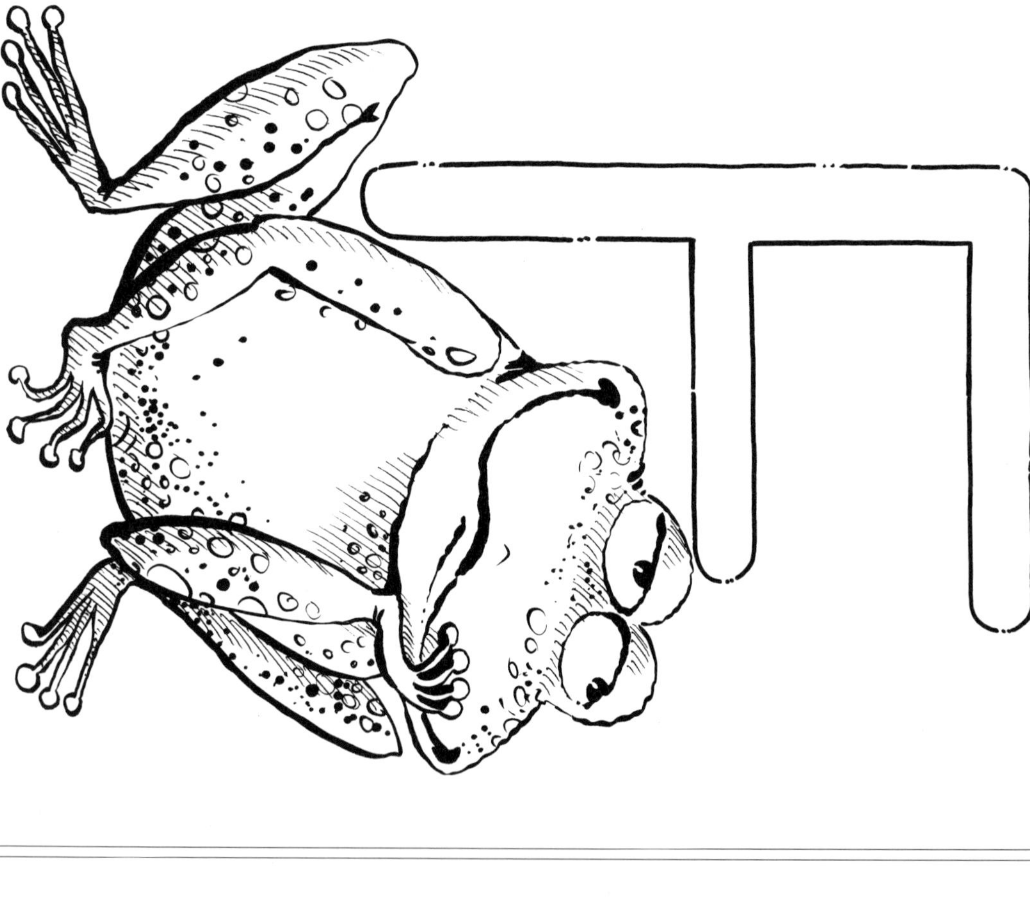

F f

Name: ______________________________

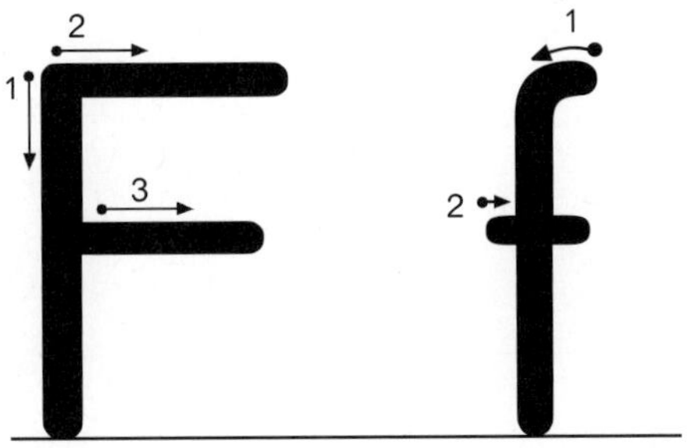

F

f

Fisch

fein

Fuß falsch Fahne frei Foto Frosch

Bestell-Nr. 3-507-40407-9

Wunderkiste für Buchstabenwochen

Bestell-Nr. 3-507-40407-9

Fifi und

Willi

malen.

Fabian und

____

essen.

Felix und

Leonie

lesen.

________ und

____

toben.

Wunderkiste für Buchstabenwochen
Bestell-Nr. 3-507-40407-9
© 1997 Schroedel Verlag GmbH, Hannover

Name: ________________

Bestell-Nr. 3-507-40407-9

Zum Buchstaben G

Kleinprojekte / Sachunterricht

- Geburtstag
- Gespenster
- Gans
- Giraffe
- Garten
- Geräusche erkennen
- Gänseblümchenbowle/-butter

Schreibanlässe

- Geburtstagsbrief
- Gespenstergeschichten
- Rezept: Grießbrei
- Mal- und Lesebuch „Garten"
- Mal- und Lesebuch „Gespenst"

Musik

Heute kann es regnen (Kolibri 37)
102 Gespensterchen (Kolibri 86)
Probiers mal mit Gemütlichkeit (Kolibri 110)
Verschiedene Geburtstagslieder
Der Geburtstagswagen (M 2, Nr. 10)
Gretel, Pastetel, was machen die Gäns'?
Grün, grün, grün sind alle meine Kleider
Geräusche raten
Geräuschlawine
Geister- bzw. Gespenstermusik

Kunst

Gespenster
Geburtstagskarten

Rezepte

Arbeitsblatt „Grießbrei"

Zungenbrecher / kleine Sprechspiele

Gärtner Gustav gießt die Gurken. (3-mal schnell hintereinander sprechen)

Sport und Spiele

Gespenster

Anfang
Die Lehrerin/der Lehrer sitzt mit den Kindern im Kreis und spielt mit ihnen das Fingerspiel „Fünf Gespenster".

Fünf Gespenster	(fünf Finger zappeln)
hocken vor dem Fenster.	
Das erste schreit: „Haaaaa!"	(Daumen bewegen)
Das zweite heult: „Hooooo!"	(Zeigefinger bewegen)
Das dritte brummt: „Huuuuu!"	(Mittelfinger bewegen)
Das vierte lacht: „Hiiiii!"	(kleinen Finger bewegen und ihn zum Ohr des Nachbarn führen
Das fünfte schwebt zu dir herein	und flüstern:)
und flüstert:	
„Wollen wir Freunde sein?"	(„Wollen wir Freunde sein?")

(Aus: Kreusch-Jacob: Da hüpft der Frosch den Berg hinauf. dtv junior. München 1991)

Auftaktspiel: Alle Kinder sind Gespenster und laufen schreiend („Haaaaa!"), heulend („Hooooo!"), brummend („Huuuuu!") und lachend („Hiiiii!") durch die Halle. Die Lehrerin/der Lehrer bestimmt das Ende der Gespensterstunde. Wenn sie/er auf das Tamburin schlägt, müssen sich alle Gespenster auf den Boden legen. Erst wenn die Uhr zwölf schlägt (12 Schläge auf das Tamburin), dürfen die Gespenster wieder aktiv werden.

Hauptteil

Material: Langbänke, kleine und große Kästen
Um richtige Gespenster zu werden müssen die Kinder verschiedene Bewegungsaufgaben besonders gut beherrschen, z. B.:

- durch die Halle schleichen, vorwärts und rückwärts, zwei Gespenster schleichen gemeinsam, alle Gespenster schleichen hintereinander (jedes Gespenst darf einmal die Gespensterschlange anführen)
- vorsichtig über Hindernisse gehen, über kleine Kästen und Langbänke
- unter Hindernissen hindurchkriechen, unter den Langbänken hin und her kriechen usw.

Zwischen den einzelnen Bewegungsaufgaben dürfen die Gespenster natürlich auch Gespenstergeräusche machen.

Abschluss

Gespensterrunde: Alle Kinder sitzen im Kreis und schließen die Augen. Die Lehrerin/der Lehrer gibt ein Gespenstergeräusch an das Kind weiter, das neben ihr/ihm sitzt. Das Geräusch wird von Kind zu Kind weitergegeben. Es wird von jedem Kind so lange gemacht, bis ein neues Geräusch die Runde macht. Das neue Geräusch wird von der Lehrerin/dem Lehrer in die Runde gegeben, wenn das erste Geräusch wieder bei ihr/ihm angekommen ist. Dadurch kommt es zur Überlappung von zwei Gespenstergeräuschen.

Zusatzspiel: Geräuschespiele

Geräusche produzieren und imitieren

Je zwei Kinder, eins mit geschlossenen Augen, stehen sich gegenüber. Das eine Kind produziert ein Geräusch mit seinem Körper, z. B. in die Hände klatschen, mit dem Fuß aufstampfen usw., das „blinde" Kind muss versuchen das Geräusch zu imitieren.

Ein Geräusch wandert

Material: Rassel oder Glöckchen
Die Kinder stehen dicht nebeneinander im Kreis, ein Kind steht in der Mitte des Kreises. Ein Geräusche produzierendes Instrument, z. B. eine Rassel, wird vorsichtig hinter dem Rücken der Kinder weitergegeben. Das im Kreis stehende Kind soll hören und bestimmen, wo sich die Rassel befindet.

Geräusche-Memory

Material: Filmdöschen, Kaffeedosen oder dergleichen, jeweils zwei mit dem gleichen Inhalt gefüllt, z. B. mit Erbsen, Reis, Salz, Hirse, Perlen, Geldstücken, Murmeln, …
Die Kinder sitzen im Kreis. Die Memory-Döschen werden in die Kreismitte gestellt. Nacheinander versuchen die Kinder durch Schütteln der Döschen die Geräuschpaare herauszufinden.

Zusatzspiel: Gummitwist

Material: Gummiband
Drei Kinder bilden eine Gruppe. Zwei der Kinder spannen das Gummiband um ihre gegrätschten Beine in Knöchelhöhe. Das dritte Kind hüpft nach einem vorher vereinbarten Muster zwischen den Gummibändern. Wenn es fehlerfrei gesprungen ist, wird die Höhe des Gummibandes verändert: erst auf Kniehöhe, dann auf Oberschenkelhöhe. Gewechselt wird, wenn dem hüpfenden Kind ein Fehler unterlaufen ist.

Bestell-Nr. 3-507-40407-9

zischen

miauen

singen

grunzen

bellen

klatschen

summen

Bestell-Nr. 3-507-40407-9

muhen

heulen

krähen

trampeln

pfeifen

Geräuschlawine

Hinweis für den Lehrer/die Lehrerin

Die einzelnen Kärtchen sollten auf Pappe geklebt und mit Folie überzogen werden.
Spielverlauf:
Die Kinder sitzen im Kreis oder in der Reihe. Der Lehrer/die Lehrerin gibt dem ersten Kind eine Karte. Das Kind führt die Tätigkeit aus bzw. macht das angegebene Geräusch und gibt die Karte weiter. Der Nachbar/die Nachbarin macht dann ebenfalls das Geräusch usw. Wenn die erste Karte etwa fünf Kinder weit gewandert ist, gibt der Lehrer/die Lehrerin die nächste Karte ins Spiel.
Das erste Kind beginnt nun das nächste Geräusch zu produzieren. Das letzte Kind sammelt alle Karten.
Als letzte Karte muss die leere Karte herumgegeben werden, damit alle wieder leise sind.

© 1997 Schroedel Verlag GmbH, Hannover
Bestell-Nr. 3-507-40407-9
Wunderkiste für Buchstabenwochen

G g

Name: ____________________

Bestell-Nr. 3-507-40407-9

G g

Name: ____________________

Bestell-Nr. 3-507-40407-9

Bestell-Nr. 3-507-40407-9

Wunderkiste für Buchstabenwochen

Name: ______________________________

G g

G

g

Gespenst

gut

Gras Garten singen Gäste Geburtstag

Mein Kochbuch

Name: ______________________

Grießbrei

Zutaten
- 1/2 Liter Milch
- 1/2 Tasse Grieß
- Zucker, Butter
- Zimt

Milch erhitzen, Grieß hineinstreuen.
Ständig rühren und kurz aufkochen lassen,
2 Esslöffel Zucker nicht vergessen.
Grießbrei auf einen Teller verteilen,
darauf etwas Butter geben und Zimt und Zucker.

Mmmm!

Name: ______________________

Mein Buch vom Garten

Ich bin im Garten.

Bestell-Nr. 3-507-40407-9
Wunderkiste für Buchstabenwochen

Zum Buchstaben H

Kleinprojekte / Sachunterricht

Hase
Hund
Holz
Haus
Höhle
Hexe
Haustiere
Hampelmann
„helfen"

Schreibanlässe

Hasen-Geschichten
Hexen-Geschichten
Hunde-Geschichten
Haustier-Geschichten

Musik

Hau-mich-nicht-Lied (Kolibri 58)
Wer will fleißige Handwerker sehn (Kolibri 76)
Ich wollt', ich wär' ein Huhn (Kolibri 95)
Im Hafen, wo viele Kräne sind (M 2, Nr. 11)
Hühnerhof (M 8)
Hase Augustin (M 8)
Mein Hut, der hat drei Ecken
Jetzt tanzt Hampelmann

Kunst

Hexen
Handabdruck
Hüte
Hampelmann
Hexentreppen

Zungenbrecher / kleine Sprechspiele

Hinter Hermann Hannes Haus hängen hundert Hemden raus.
Hundert Hemden hängen raus hinter Hermann Hannes Haus.

Sport und Spiele

Häuser und Höhlen bauen

Anfang
Material: Reifen
Die Reifen werden auf dem Hallenboden verteilt, ein Reifen weniger als die Anzahl der Kinder. Alle Kinder erhalten eine Hausnummer, die sie sich für das Spiel merken müssen. Die Kinder stellen sich in einen Reifen. Das Kind ohne Reifen ruft zwei Hausnummern auf; die Kinder mit den entsprechenden Nummern müssen die Plätze tauschen. Das Kind ohne Reifenplatz versucht so einen Platz zu erhalten. Das Kind, das keinen Reifenplatz bekommt, ruft die neuen Hausnummern aus. Ruft es „Haus zu vermieten!", wechseln alle ihre Plätze.

Hauptteil
Material: Decken, Tücher, Schwungtuch, kleine und große Kästen, Seile, Teppichfliesen, Matten
Die Kinder bilden vier Gruppen. Aus den vorhandenen Materialien bauen sich die Gruppen verschiedene Häuser und Höhlen.

Höhlen: Das Schwungtuch kann mit Seilen an der Sprossenwand befestigt werden. Zur Hallenmitte hin wird das Schwungtuch unter kleine Kästen geklemmt.
Zwischen einem großen Kasten und der Hallenwand werden zwei kleine Matten zu einem Bogen eingeklemmt.

Häuser: Eine Weichbodenmatte wird über zwei große Kästen gelegt.
Kleine Matten werden über zwei parallel gestellte Langbänke gelegt.

Die Häuser und Höhlen werden mit Teppichfliesen als Straßen miteinander verbunden, sodass sich die Bewohner gegenseitig besuchen können.

Bestell-Nr. 3-507-40407-9

Abschluss

Material: Schwungtuch

Die Kinder stehen im Kreis und fassen das Schwungtuch an den Rändern. Alle schwingen gleichzeitig das Schwungtuch auf und ab. Immer, wenn das Schwungtuch zum dritten Mal hochgeschwungen wurde, sagt die Lehrerin oder der Lehrer, welche Kinder den Platz tauschen sollen (z. B. alle Mädchen mit weißen Turnschuhen; alle Kinder, deren Vorname mit H beginnt usw.). Zum Abschluss wird das Tuch nach dem dritten Hochschwingen, wenn es seinen höchsten Punkt erreicht hat, von allen Kindern hinter sich gezogen. Die Kinder setzen sich auf den Tuchrand, sodass eine Höhle entsteht.

Zusatzspiel: Handtuchball

Material: Handtücher, Gymnastikbälle

Immer zwei Kinder halten ein Handtuch an den äußeren Enden fest. Ein Gymnastikball wird auf das Handtuch gelegt; die Kinder versuchen den Ball hochzuschleudern und wieder aufzufangen. Anschließend spielen vier Kinder zusammen. Sie schleudern den Gymnastikball von einem Handtuch zum anderen und fangen ihn auf.

Zusatzspiel: Huttanz

Material: Hüte (gebastelte Zeitungshüte), Gymnastikstäbe, Musik

Jedes Kind hält einen Gymnastikstab in der Hand. Zwei Kinder haben gemeinsam einen Hut, den sie während des Tanzens von einem auf den anderen Stab übergeben.

Zusatzspiel: Hundehütte

Material: Tamburin

Die Kinder bilden zwei Kreise, einen Innen- und einen Außenkreis. Im Außenkreis stehen zwei Kinder mehr. Die Kinder des Außenkreises übernehmen die Rolle von Hunden; die Kinder des Innenkreises stehen mit gegrätschten Beinen und sind Hundehütten. Die Kinder des äußeren Kreises laufen um den Innenkreis herum. Schlägt die Lehrerin oder der Lehrer auf das Tamburin, so versuchen alle Hunde in eine Hundehütte zu kriechen. Haben sie eine Hundehütte erwischt, bleiben sie mit gegrätschten Beinen stehen und sind im zweiten Durchgang Hundehütten. Die alten Hundehütten werden zu Hunden und versuchen mit den Hunden, die keine Hundehütte erwischt haben, ihr Glück in der zweiten Runde.

Bestell-Nr. 3-507-40407-9

Name: ______________________

H h

Mein Haus

Bestell-Nr. 3-507-40407-9

Name: ______________________

H h

Name: ______________________

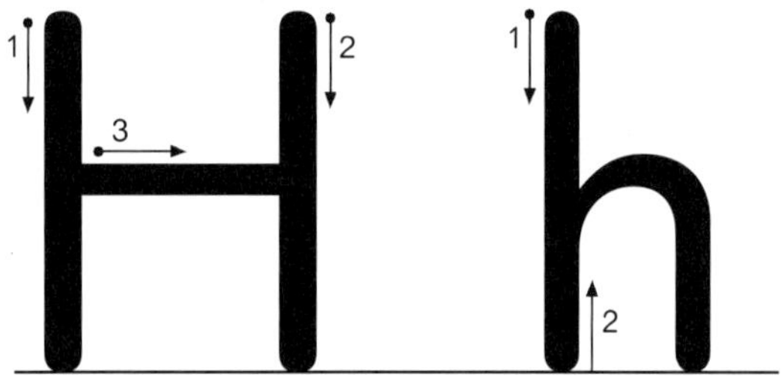

H

h

Hase

hell

Holz hören helfen Hand haben Hund

Bestell-Nr. 3-507-40407-9

Wunderkiste für Buchstabenwochen

Hase Hoppel	
hoppelt	springt
hinter den Busch .	
Der kleine Hund	Das Hühnchen
hüpft	läuft
auf der Wiese .	über das Heu .

H h

Name: ______

eine Hand

ein Hamster

drei Herzen

ein Heft

ein Hut

zwei Hasen

Male Bilder dazu .

Bestell-Nr. 3-507-40407-9

Zum Buchstaben I

Kleinprojekte / Sachunterricht

Igel
Indianer
„ich"
Iglu

Schreibanlässe

Igel-Buch
Ich-Buch
Insel-Geschichten
Indianer-Geschichten

Musik

Kleine Igel schlafen gern (Kolibri 34)
Wenn sich die Igel küssen (Kolibri 92)
Borstenigel (M 4)
Instrumentenlied (M 4)
Indianerlied „Häuptling kleiner Teddybär" (M 4)
Instrumente vorstellen
Instrumente erraten

Kunst

Igel aus Tonpapier basteln
Indianerschmuck basteln
Insel mit Wasserfarben malen
Iglu aus Luftballon (K 4, S. 27)
Tipi bauen (K 8, S. 114)

Zungenbrecher / kleine Sprechspiele

Igel Isidor isst immer Würmer.
Igel Isidor isst immer Schnecken.
Igel Isidor isst immer Katzenfutter.

Sport und Spiele

Indianer

Anfang

Lehrerin/Lehrer und Kinder sitzen im Kreis um das Lagerfeuer (Keulen, die aufeinander liegen). Die Lehrperson trommelt einen Rhythmus auf den Hallenboden, den die Kinder nachtrommeln. Nacheinander dürfen alle Kinder einen Rhythmus auf den Hallenboden trommeln, der von den anderen Kindern nachgetrommelt wird.

Hauptteil

Material: Matten, kleine Kästen, Gymnastikstäbe
Alle Kinder werden zu Indianern (eventuell mit Schminkfarbe Bemalung auf Wange und Stirn). Indianer können sich sehr gut anschleichen und können gut reiten (Gymnastikstäbe sind die Indianerpferde). Dazu werden Bewegungsangebote gemacht.

Schleichen: vorsichtig schleichen, in der Hocke, auf allen vieren, schnell, ...
über eine Weichbodenmatte, über kleine Matten, ...
sich auf einer Langbank entlangziehen, ...

Reiten: von einer Hallenseite zur anderen reiten (vorwärts, rückwärts, langsam, schnell, ...)
über Seile springen, die auf dem Boden liegen
über Langbänke springen
von einem Kastenoberteil zum anderen springen usw.

Abschluss

Material: Sandsäckchen (evt. Bierdeckel), Entspannungsmusik
Alle Indianer kehren zum Lagerfeuer zurück und legen sich auf den Rücken. Auf ihre Stirn legen sie das Sandsäckchen oder einen Bierdeckel, damit sie ganz ruhig liegen bleiben. Sie hören der Entspannungsmusik (oder einer Indianergeschichte) zu.

Name: ___

Igel

Wunderkiste für Buchstabenwochen Bestell-Nr. 3-507-40407-9 © 1997 Schroedel Verlag GmbH, Hannover

Name: ___

Name: ______________________________

1 I   1 i 2

I

i

Igel

ich

Indianer ist Iglu im Insel Insekt Iris

Bestell-Nr. 3-507-40407-9

Wunderkiste für Buchstabenwochen

Name: ____________

Insel

Indianer

Iglu

Wunderkiste für Buchstabenwochen Bestell-Nr. 3-507-40407-9 © 1997 Schroedel Verlag GmbH, Hannover

Das bin ich.

Ich bin ______ cm groß.

Ich wiege ______ kg.

Ich habe ______ Haare.

Bestell-Nr. 3-507-40407-9
Wunderkiste für Buchstabenwochen

Zum Buchstaben J

Kleinprojekte / Sachunterricht

Jungen
Jogurt
„ja"
Jacke
Jäger
Jahrmarkt

Schreibanlässe

Ja-Schilder / Nein-Schilder
Jungen-Geschichten
Jahrmarkt-Geschichten

Musik

Jingle Bells (Kolibri 35), falls Weihnachtszeit
Der Cowboy Jim aus Texas (Kolibri 63)
Ein Jäger längs dem Weiher ging (Kolibri 89)
Bruder Jakob (Kolibri 147)
Jibidi - jibida (M 2, Nr. 2), Tanz
evtl. musikalischer Jahrmarkt
Reise nach Jerusalem

Kunst

Jahrmarktbuden basteln (K 8, S. 59)
Jojos bemalen

Zungenbrecher / kleine Sprechspiele

Der Jäger jagt den Jaguar. (3-mal schnell hintereinander sprechen)

Sport und Spiele

Jahrmarkt (Materialtag)

Anfang
Gespräch mit den Kindern über einen Jahrmarkt. Was kann man auf einem Jahrmarkt alles unternehmen?

Hauptteil
Material: kleine und große Kästen, Langbänke, Matten, Weichbodenmatte, Bälle, Dosen, Keulen, Decken, Seile, Rollbretter
Aus den Materialien wird ein Jahrmarkt aufgebaut.

Beweglicher Boden:	In eine Hallenecke werden möglichst viele Bälle gelegt. Damit sie nicht davonrollen, werden sie mit Matten an den beiden offenen Seiten begrenzt. Auf die Bälle wird eine Matte gelegt, sodass ein beweglicher Boden entsteht. Auf diesen Boden legen oder setzen sich mehrere Kinder. Auf den Begrenzungsmatten knien Kinder, die den beweglichen Boden hin und her bewegen.
Wurfbude:	Auf einen kleinen Kasten werden pyramidenförmig Dosen aufgebaut. Diese Dosen können z. B. mit einem kleinen Softball umgeworfen werden.
Kegelbahn:	Zwei Langbänke werden so hingestellt, dass sie eine Gasse bilden. Am Ende der Gasse werden Keulen aufgestellt, die mit einem Tennisball umgekegelt werden können.
Seilbahn:	Von einer zur anderen Hallenseite wird ein Tau gespannt. Auf zwei Rollbretter wird das Kastenoberteil eines großen Kastens gelegt. Zwei oder drei Kinder setzen sich in das Kastenoberteil und hangeln sich mit dem Tau von einer auf die andere Hallenseite.
Trampolin:	Die Weichbodenmatte wird als Trampolin genutzt.
Kutschfahrt:	Decken oder Teppichfliesen werden zu Kutschen, die Seile zu Zügeln. Ein Kind setzt sich auf die Decke und nimmt das Seil in die Hand. Ein anderes Kind übernimmt die Rolle des Pferdes und zieht die Kutsche eine Runde um zwei große hintereinander gestellte Kästen.

Bestell-Nr. 3-507-40407-9

Abschluss

Sprechtanz „Karussell"

Die Kinder bilden einen Kreis und fassen sich an den Händen.

Auf der grünen Wiese steht ein Karussell,	(Kinder gehen in Kreisrichtung)
manchmal geht es langsam, manchmal geht es schnell:	
einsteigen	(Alle bleiben stehen, lösen die Hände, stampfen)
festhalten	(Kinder fassen sich an den Händen)
losfahren	(Kinder laufen immer schneller im Kreis, bis sie sich nicht mehr festhalten können und sich allein drehen.)

Zusatzspiel: Vier Jahreszeiten

Den vier Hallenecken werden jeweils eine Jahreszeit und eine jahreszeitliche Aktivität zugeordnet.
Frühling: als Bauer säen; Sommer: schwimmen; Herbst: einen Drachen steigen lassen; Winter: Schneebälle formen und werfen.
Die Kinder laufen durch die Halle. Wenn die Lehrerin/der Lehrer die Musik stoppt oder auf das Tamburin schlägt und eine Jahreszeit nennt, laufen alle Kinder in die entsprechende Ecke. Dort müssen sie die festgelegte Aktivität ausführen. Ruft die Lehrperson „Jahr!", treffen sich alle Kinder in der Hallenmitte und bilden einen Kreis. Das Spiel geht weiter, wenn die Musik wieder spielt bzw. auf das Tamburin geschlagen wird.

J j

Name: ______

Auf dem Jahrmarkt

Bestell-Nr. 3-507-40407-9

J j

Name: ______

© 1997 Schroedel Verlag GmbH, Hannover
Bestell-Nr. 3-507-40407-9
Wunderkiste für Buchstabenwochen

Name: ____________________

J j

J

j

Junge

ja

Juli jeder Judo jagen Jäger jammern

Bestell-Nr. 3-507-40407-9

Wunderkiste für Buchstabenwochen

Bestell-Nr. 3-507-40407-9

Wunderkiste für Buchstabenwochen

Zum Buchstaben K

Kleinprojekte / Sachunterricht

Kalender
Kasper
Kino
Krankenhaus / „krank"
Karneval
Katzen
Körper
„kalt"/ heiß
König / Königin
meine Klasse
Kuscheltiere
Kakao kochen
Kekse essen

Schreibanlässe

Kreuzworträtsel entwerfen
Buch für Kranke herstellen
Karneval-Geschichten
Kuscheltier-Geschichten
„Meine Klasse"
Katzen-Geschichten

Musik

Ihr Kinderlein kommet (Kolibri 54),
falls Weihnachtszeit
Körperteile (Kolibri 57)
Der Katzentatzentanz (Kolibri 86)
Meine Katze und ich (Kolibri 99)
Unsere Katze (Kolibri 100)
Auf einem Baum ein Kuckuck (Kolibri 104)
Der Kuckuck und der Esel (Kolibri 105)
Kuckuck, Kuckuck (Kolibri 105)
Das Känguru (Kolibri 106)
Karl, der Käfer (Kolibri 114)
Der Kartoffel-Boogie (Kolibri 125)
Ein Mann, der sich Kolumbus nannt' (Kolibri 143)
Auf dem Gummibaum sitzt ein Kakadu (M 8)
Karneval (M 4)
Ein kleiner Kuss (M 5)
Kindersinfonie (M 2)
Seid willkommen in unserem Kreis (M 2)

Kunst

Katzen
Krokodil (aus Eierkartons)
Kochlöffelpuppen

Rezept für Knete

1 kg Mehl, 1/2 kg Salz, 8 Esslöffel Speiseöl, 30 g Alaun (aus der Apotheke), 1 1/2 Liter Wasser
Die Knetmasse kann man mit Wackelpuddingpulver oder mit Lebensmittelfarbe färben.
Herstellung:
Mehl, Salz und Alaun gut mischen, Speiseöl und Wasser hinzufügen und alles so lange erhitzen, bis die Masse gleichmäßig dick ist.
Oder: Mehl, Salz und Alaun mischen, Speiseöl hinzufügen und kochendes Wasser dazugeben, tüchtig rühren (nicht mehr erhitzen).
Die Knete muss luftdicht verschlossen aufbewahrt werden.

Zungenbrecher / kleine Sprechspiele

Kleine Kinder können keinen Kirschkern knacken.
Die Katze tritt die Treppe krumm. (3-mal schnell hintereinander sprechen)

Bestell-Nr. 3-507-40407-9

Sport und Spiele

Körper

Anfang (Musikstoppspiel)
Alle Kinder laufen in der Halle umher. Stoppt die Musik, so nennt die Lehrerin/der Lehrer einen Körperteil (rechte Hand, Nase, linkes Ohr), mit dem die Kinder den Hallenboden berühren sollen.

Hauptteil
Material: Matten, Weichbodenmatte, Reifen, Bohnensäckchen, Tapetenrolle, Stifte, Taschentücher, Decken
Mit den Materialien werden verschiedene Stationen aufgebaut. Immer zwei Kinder gehen zusammen und wechseln nach einer vorgegebenen Zeit die Station. Innerhalb der Stationen nehmen die Kinder einen Rollenwechsel vor.

Körperumriss zeichnen:	Ein Kind legt sich rücklings auf die Matte. Das andere Kind umfährt mit einem Stift den Körper und zeichnet den Umriss auf die Tapete.
Bohnensäckchen spüren:	Ein Kind legt sich bäuchlings auf die Matte. Das andere Kind legt das Säckchen auf verschiedene Körperteile, die von dem liegenden Kind genannt werden sollen.
Rückenmalen:	Die Kinder sitzen hintereinander. Das hintere Kind malt dem vorderen Kind einen Gegenstand, eine Ziffer oder einen Buchstaben auf den Rücken, die erraten werden sollen.
Bierdeckel spüren:	Ein Kind legt sich rücklings auf die Matte. Das andere Kind belegt es nacheinander vollständig mit Bierdeckeln. Das liegende Kind benennt alle Körperteile, die belegt werden. Anschließend nennt es die Körperteile, von denen die Bierdeckel wieder entfernt werden sollen.
Taschentücher greifen:	Zwei Reifen liegen nebeneinander. In dem einen Reifen liegen Taschentücher, die mit den Zehen gegriffen und in den anderen Reifen befördert werden sollen.
Baumstammrollen:	Zwei kleine Matten liegen hintereinander. Ein Kind legt sich an einem Ende quer auf die Matte, das andere Kind rollt es bis zum Mattenende.
Körper unterm Tuch:	Ein Kind legt sich unter eine Decke, das andere Kind ertastet vorsichtig die Körperteile und benennt sie.

Abschluss
Alle Kinder liegen rücklings mit geschlossenen Augen auf den Matten. Die Lehrerin/der Lehrer nennt eine Bewegungsart und den Körperteil, mit dem die Bewegung ausgeführt werden soll (z. B. heben und kreisen, der rechte Fuß). Anschließend wird die gleiche Bewegung auf der anderen Körperseite gemacht.

Zusatzspiel: Kettenfangen

Ein Kind ist Fänger, die anderen Kinder laufen durch die Halle. Wird ein Kind vom Fänger gefangen, fassen sich die beiden Kinder an den Händen und fangen gemeinsam weiter. Zu zweit versuchen sie weitere Kinder zu fangen, die dann ebenfalls zur Fangkette kommen. Nur die äußeren Kinder dürfen abschlagen, denn die Kette darf nicht reißen. Das Spiel ist zu Ende, wenn alle bis auf ein Kind abgeschlagen wurden. Das letzte Kind ist Fänger beim neuen Spiel.

Zusatzspiel: Kegeln

Zwei Langbänke werden so hingestellt, dass sie eine Gasse bilden. Am Ende der Gasse werden Keulen aufgestellt, die mit einem Tennisball umgekegelt werden.

Zusatzspiel: Kreisel

Die Kinder bilden einen Kreis. Ein Kind steht mit geschlossenen Augen und ausgestrecktem Arm und Zeigefinger in der Mitte des Kreises. Dieses Kind dreht sich um sich selbst, während die anderen Kinder singen: „Dreh dich, kleiner Kreisel, dreh dich immerzu, rund und rund und rund und rund und jetzt kommst du." Bei „jetzt kommst du" bleibt das Kind stehen. Das Kind, auf das es zeigt, ist als nächstes an der Reihe und kommt in die Kreismitte.

Zusatzspiel: Karussell (siehe beim Buchstaben J)

K k

Name: ______________________

Katze

Bestell-Nr. 3-507-40407-9

K k

Name: ______________________

Bestell-Nr. 3-507-40407-9

Bestell-Nr. 3-507-40407-9
Wunderkiste für Buchstabenwochen

Name: ______________________________

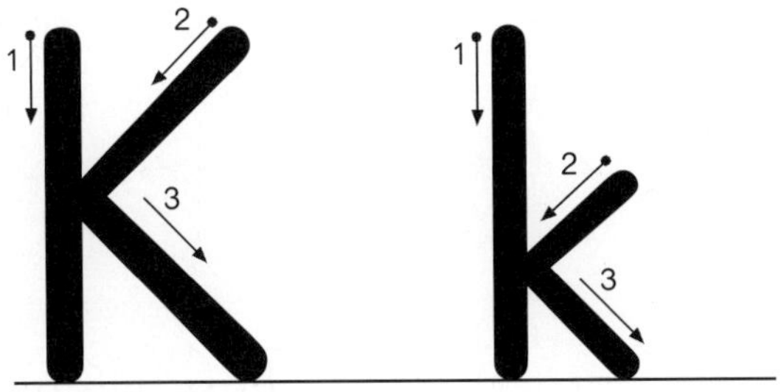

K

k

Kino

kalt

Krokodil krank Klasse kurz Keks Kater

K k

Name: ______________________

10 kleine Katzenkinder

10 kleine Katzenkinder kletterten auf eine Scheun',
das eine ist heruntergefall'n, da waren 's nur noch 9.

9 kleine Katzenkinder haben Quatsch gemacht,
das eine hat sich ganz versteckt, da waren 's nur noch 8.

8 kleine Katzenkinder spielten in den Rüben,
das eine fand ein Mauseloch, da waren 's nur noch 7.

7 kleine Katzenkinder ärgerten eine Hex',
das eine hat sie weggehext, da waren 's nur noch 6.

6 kleine Katzenkinder bekamen einmal Strümpf',
eins ist damit gleich abgehau'n, da waren 's nur noch 5.

5 kleine Katzenkinder spielten mal Klavier,
das eine, das spielt heute noch, da waren 's nur noch 4.

4 kleine Katzenkinder schleckten süßen Brei,
das eine aß zu viel davon, da gab es nur noch 3.

3 kleine Katzenkinder, die reisten in die Türkei,
das eine wollte nicht mehr fort, da waren 's nur noch 2.

2 kleine Katzenkinder kamen mal nach Mainz,
das eine hat sich dort verliebt, da gab es nur noch 1.

Ein kleines Katzenkind, das war nicht gern allein.
Da kam ein schwarzes Katerchen und schon war'n sie zu zwei'n.

Die kleine Katze

Name: ______________________

Nun schlafen alle Katzen .

______ hat drei Katzenkinder .

Wunderkiste für Buchstabenwochen Bestell-Nr. 3-507-40407-9
© 1997 Schroedel Verlag GmbH, Hannover

Zum Buchstaben L

Kleinprojekte / Sachunterricht

Luft / Luftballon
Löwenzahn
Laterne / Laternenumzug
Lupe
Lose / Verlosung
Lagerfeuer
Lutscher
Limonade

Schreibanlässe

Luftballon mit Karte schicken
Leporello herstellen
Lieder schreiben

Musik

Ich geh' mit meiner Laterne (Kolibri 43)
Laternenfest im Wald (Kolibri 44)
Ich hab' eine schöne Laterne (M 2, Nr. 13)
Im lula-lila Luftballon (M 2, Nr. 5)
Alle Kinder lernen lesen (M 2, Nr. 8)
Lollypop (M 7)
Ein blaubeerblauer Luftballon (M 3)

Kunst

Laternen basteln (K 2, S. 154)
Lampion falten
Luftballons mit Kleister „verkleiden"
Leuchtturm in einen Kartondeckel kleben
Lokomotive aus Streichholzschachteln
leuchtende Häuschen aus Tonpapier (K 4, S. 19)
Löwenmasken basteln (K 2, S. 108)

Rezept

Limokuchen

Zutaten: 3 Tassen Mehl, 2 Tassen Zucker, 1 Tasse Öl, 1 Tasse Limo, 1 Päckchen Backpulver, 1 Päckchen Vanillezucker; alles verrühren und in eine längliche Backform füllen, bei 180° ca. 40 Minuten backen

Zungenbrecher / kleine Sprechspiele

Lotte läuft mit lustiger Laterne.
Lisa ...
Leo ...

Sport und Spiele

Löwenjagd

Anfang
Lehrerin/Lehrer und Kinder gehen nach folgendem Text auf Löwenjagd:

Wir gehen jetzt auf Löwenjagd	(Kinder und Lehrperson gehen durch die Halle)
und haben keine Angst.	
Wir haben ein Gewehr dabei	(pantomimisch das Gewehr schultern)
und einen großen Dolch, huu.	(den rechten Arm ruckartig nach unten bewegen)
Was ist denn das?	(mit der Hand vor der Stirn Ausschau halten)
Ein Löwe? Nein!	(alle bleiben stehen)
Nein, kein Löwe. Gras.	
Drüber können wir nicht,	(mit den Händen nach oben zeigen)
drunter können wir nicht,	(mit den Händen nach unten zeigen)
wir müssen mitten durch.	(weitergehen, mit einer Hand das Gras auseinander breiten)

Bestell-Nr. 3-507-40407-9

Dieser Text wird mehrmals wiederholt, nur die genannten Hindernisse verändern sich. So müssen alle durch einen Fluss schwimmen, über einen Baumstamm klettern, durch ein Moor gehen usw. Am Schluss der Löwenjagd entdecken sie den Löwen und alle laufen zum Ausgangspunkt zurück. Die Hindernisse müssen jetzt in umgekehrter Reihenfolge pantomimisch genommen werden.

Hauptteil

Material: Langbänke, Weichbodenmatte, Sprossenwand, kleine und große Kästen, Taue, Matten, eventuell Kriechröhren

Die Lehrerin/der Lehrer führt mit den Kindern ein Gespräch über die Löwenjagd. Dabei zeigt sich, dass eine Löwenjagd anstrengend ist und bestimmte Fertigkeiten vorher geübt werden müssen. Dazu wird ein Parcours aufgebaut.

Balancieren: Auf einer Langbank balancieren; anschließend auf einer Langbank, die auf zwei auseinander stehenden kleinen Kästen aufgelegt ist.

Kriechen: Durch Kriechröhren oder unter einer Matte kriechen, die über zwei parallel stehende Langbänke gelegt wurde.

Schleichen: Auf einer Weichbodenmatte und zwischen Keulen hindurch schleichen ohne sie zu berühren.

Klettern: An der Sprossenwand klettern oder auf einen Kastenberg, der aus kleinen und großen Kästen errichtet wurde.

Schwingen: An den Tauen von einer Matte zur anderen schwingen.

Abschluss

Zum Abschluss gehen alle noch einmal auf Löwenjagd (entsprechend dem Anfangstext). Eventuell können die Aufbauten des Hauptteils jetzt als reale Hindernisse genutzt werden.

Luftballon

Anfang

Material: Luftballons, entsprechend der Anzahl der Kinder

Jedes Kind erhält einen Luftballon, den es möglichst selbst aufpustet. Die Lehrerin/der Lehrer gibt den Kindern bestimmte Anweisungen, wie sie den Luftballon in der Luft halten sollen, z. B. nur mit dem Kopf, nur mit der rechten Hand, nur mit dem kleinen Finger usw. Nach einem vorher vereinbarten Zeichen (z. B. Musikstopp) gilt die nächste Anweisung.

Hauptteil

Material: Luftballons, Keulen, kleine Kästen, Volleyballnetz oder Zauberschnur, Reifen, Seile, Langbänke

Mit den vorhandenen Materialien werden verschiedene Stationen gebaut, z. B.:

a) Mit Keulen einen Slalom aufstellen, sodass die Kinder die Luftballons mithilfe einer Keule durch den Slalomkurs führen können.
b) Kleine Kästen mit der Öffnung nach oben aufstellen. Mithilfe einer Keule werden die Luftballons in die Kästen befördert.
c) Ein Volleyballnetz oder eine Zauberschnur werden gespannt, über die immer zwei Kinder einen Luftballon hin und her schlagen.
d) Auf einer Mattenbahn entlanggehen und einen Luftballon in der Luft halten, dabei die Mattenstraße nicht verlassen (eventuell auch über Langbänke balancieren).
e) Auf einem am Boden liegenden Seil balancieren, während der Luftballon in der Luft gehalten werden soll.

Abschluss

Alle Kinder geben sich die Hand und bilden einen Kreis (einen unsichtbaren „Luftballon"). Sie gehen so dicht wie möglich in die Kreismitte. Nun wird der „Luftballon" langsam aufgepustet. Bei jedem Atemstoß gehen die Kinder einen Schritt zurück. Wird der „Luftballon" zu stark aufgepustet (entsteht eine Lücke im Kreis), platzt der „Luftballon" und alle Kinder fallen auf den Boden.

Bestell-Nr. 3-507-40407-9

L l

Name: ______________________

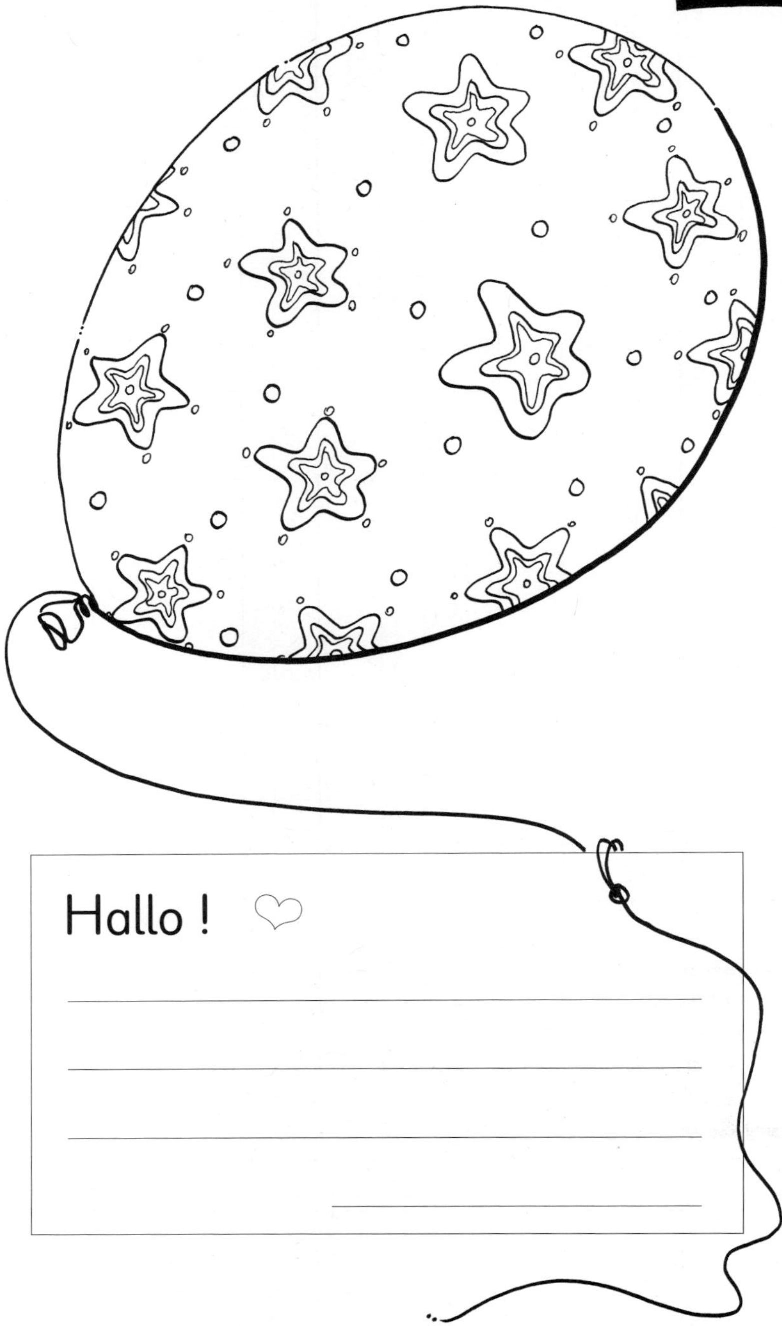

Hallo !

____

____

____

Bestell-Nr. 3-507-40407-9

L l

Name: ______________________

Bestell-Nr. 3-507-40407-9

Name: ______________________

1 L 2 l

L

l

Löwe

laut

Lehrerin leise Luftballon lachen lesen

Bestell-Nr. 3-507-40407-9

Wunderkiste für Buchstabenwochen

Limokuchen

Zutaten

- 3 Tassen Mehl
- 2 Tassen Zucker
- 1 Tasse Öl
- 1 Tasse Limo
- 1 Päckchen Backpulver
- 1 Päckchen Vanillezucker
- alles verrühren,
  in eine längliche Backform füllen und
  bei 180° ca. 40 Minuten backen

Mein Kochbuch

Name: ____________

Wunderkiste für Buchstabenwochen Bestell-Nr. 3-507-40407-9 © 1997 Schroedel Verlag GmbH, Hannover

1

________ hat einen Luftballon.

2

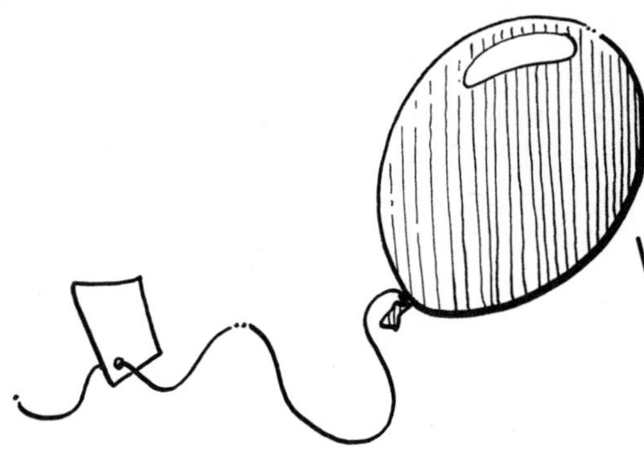

Wohin ?

Der Luftballon fliegt fort.

3

________ hängt eine Karte daran.

4

Schreibst du mir ?
Meine Adresse :

Bestell-Nr. 3-507-40407-9
Wunderkiste für Buchstabenwochen

Zum Buchstaben M

Kleinprojekte / Sachunterricht

Mama
Maus
Maler
Meerschweinchen
Museum
mit Murmeln spielen
Muscheln mitbringen
Müsli essen
Milch-Mix
Makkaroni kochen
Mädchen

Schreibanlässe

Märchenstunde
Maus-Geschichten
Mama-Geschichten
Mädchen-Geschichten

Musik

Der Mond ist aufgegangen (Kolibri 12)
Es war eine Mutter (Kolibri 16)
Und die Mäuse tanzen Samba (Kolibri 39)
Der Mann im Mond (Kolibri 42)
Es führt über den Main (Kolibri 75)
Hab' 'ne Tante in Marokko (Kolibri 77)
Der Maulwurf (Kolibri 85)
Moni Makkaroni (Kolibri 126)
Kannst du das, was Mäuse können? (M 3)
Zehn kleine Mäusekinder (M 7)
Die Monster kommen (Rolf Zuckowski)

Kunst

Monster kneten
Marienkäfer aus Papptellern herstellen
Mäuse aus Walnusshälften
Mobile selbst entwerfen
Memory in Partnerarbeit malen
in Marmoriertechnik einführen (K 1, S. 128)
Märchenblume malen (K 8, S. 28)

Rezepte

Mäuse

Zutaten für ungefähr 10 Stück: 200 g Marzipan-Rohmasse, 150 g Puderzucker, 3 Teelöffel Rosenwasser, 20 halbe geschälte Mandeln, dünne Lakritzstücke, Zuckerperlen
Für den Schokoladenüberzug: 1 Esslöffel Kokosfett, 100 g Schokolade
Puderzucker mit Marzipanmasse und Rosenwasser verkneten, Teig in 10 Stücke teilen. Aus jedem Teigstück ein Mäuschen formen, Lakritzstückchen und Mandelhälften einstecken, Zuckerperlen andrücken. Im Wasserbad Kokosfett schmelzen, Schokolade dazugeben und schmelzen lassen; mit einem Löffel flüssige Schokolade über die Mäuschen gießen.

Zungenbrecher / kleine Sprechspiele

Mäuschen keck	
Mäuschen keck möchte Speck.	(linke Hand krabbelt)
Kätzchen grau ist zu schlau,	(rechte Hand krabbelt)
springt hinzu, fängt's im Nu,	(rechte Hand packt linke Hand)
frisst die Maus,	
das Lied ist aus.	(beide Handflächen zeigen bedauernd nach oben)

Sport und Spiele

Modenschau

Anfang (Mützenfänger)
Material: Mützen
Ein Kind hat die Mütze auf und ist Fänger. Das Kind, das gefangen wurde, erhält die Mütze und wird nun Fänger. Je nach Anzahl der Kinder können auch mehrere Mützen (Mützenfänger) im Spiel sein.

Hauptteil
Material: Verkleidungsmaterialien (Schuhe, Hüte, Kleider, Röcke, Hosen usw.), Zeitungen, Klammern, Klebeband
In der Hallenmitte stehen zwei Kisten mit Verkleidungsmaterialien. Die Lehrerin/der Lehrer bespricht mit den Kindern Verkleidungsmöglichkeiten, z. B.: Mode für einen Regentag, für ein Ritterfest, für ein Faschingsfest, für eine Hochzeit usw. Die Kinder werden in zwei Gruppen eingeteilt und erhalten jeweils eine Verkleidungskiste. Entsprechend der ausgewählten Situation verkleiden sich die Kinder.
Variation: Eventuell kann eine Gruppe die andere auch als Mumien verkleiden, indem die Kinder mit Toilettenpapier umwickelt werden.

Abschluss
Die Modelle werden auf einer Modenschau auf dem Laufsteg vorgestellt. Dazu werden zwei Langbänke als Laufsteg hintereinander gestellt.

Zusatzspiel: Mitternacht

Ein Kind übernimmt die Rolle des Fängers und steht auf einer Seite der Halle. Ihm gegenüber stehen auf der anderen Hallenseite die anderen Kinder. Diese kommen langsam immer näher auf den Fänger zu und fragen: „Wie spät ist es?" Der Fänger antwortet mit verschiedenen Uhrzeiten, sagt er jedoch „Mitternacht", dann müssen alle schnell zu ihrer Ausgangsseite zurücklaufen, da der Fänger sie nun fangen will. Wer gefangen wurde, wird zum nächsten Fänger.

Zusatzspiel: Morsealphabet

Material: Tamburin
Die Kinder sitzen mit geschlossenen Augen hintereinander in einer langen Reihe. Das letzte Kind in der Reihe klopft dem vor ihm sitzenden Kind einen Rhythmus auf den Rücken, der bis zum ersten Kind weitergegeben werden soll. Dieses trommelt den Rhythmus auf ein Tamburin, sodass alle hören können, ob der von ihnen weitergegebene Rhythmus angekommen ist.

Zusatzspiel: Die Mühle

Alle Kinder fassen sich an den Händen und gehen zügig im Kreis. Dabei sprechen sie gemeinsam: „Wir zählen bis tausend, die Mühle geht sausend. Wir zählen bis zehn, die Mühle bleibt steh'n." Alle Kinder im Kreis bleiben stehen. „Wir zählen bis hundert, die Mühle geht unter." Die Kinder gehen in die Knie oder fallen um.

Zusatzspiel: Memory

Material: Filmdöschen und kleine Materialien, die unter die Döschen passen. Jedes Material muss zweimal vorhanden sein.
Die Kinder sitzen in Kreis. In der Mitte stehen die Filmdöschen mit der Öffnung nach unten. Unter den Filmdöschen liegen die Materialien (von den Döschen verdeckt). Nacheinander versuchen die Kinder durch Hochheben von zwei Döschen die Paare zu finden (gleiche Materialien). Je nach Anzahl der Kinder können auch zwei oder drei Kreise gebildet werden.

Bestell-Nr. 3-507-40407-9

M m

Name: ______________________

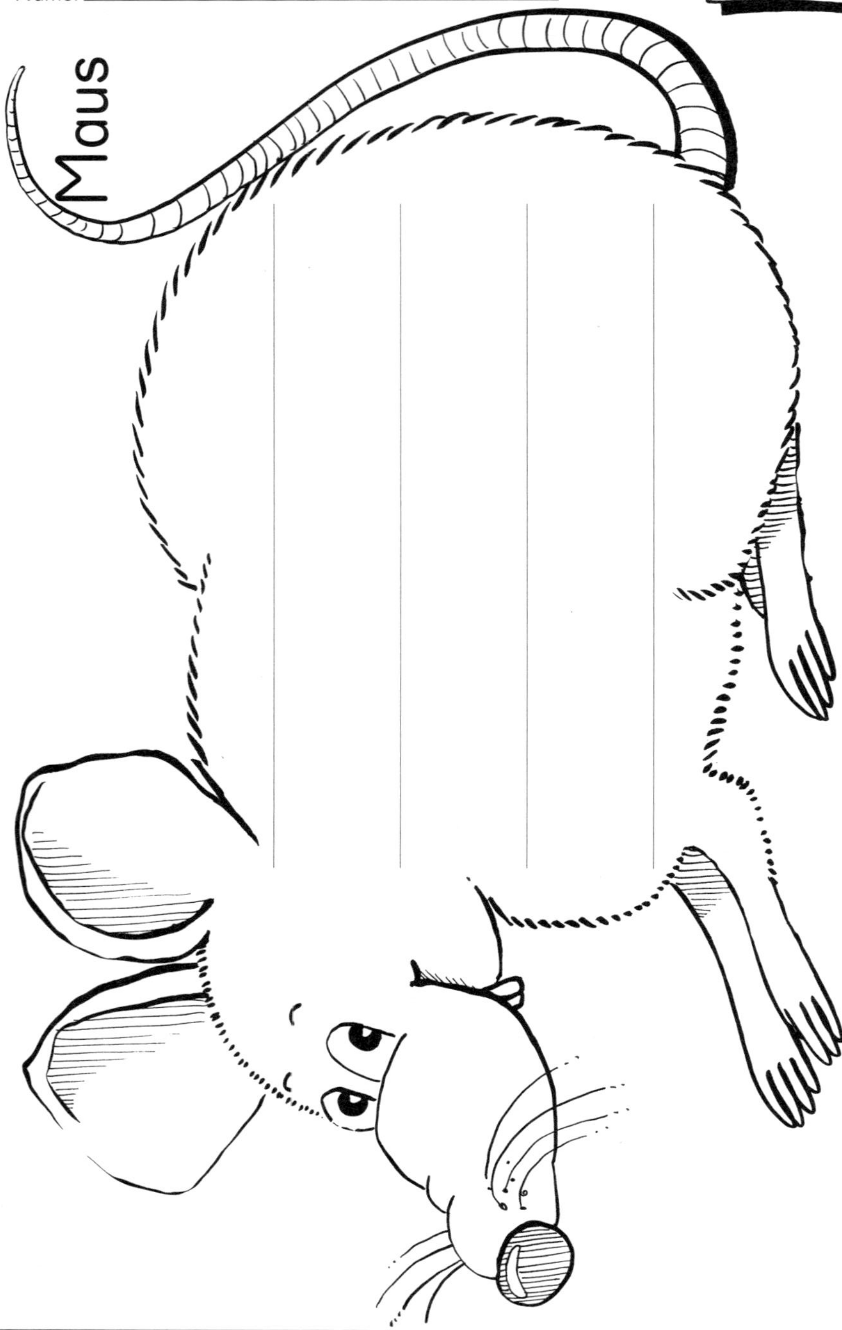

Maus

Bestell-Nr. 3-507-40407-9

M m

Name: ______________________

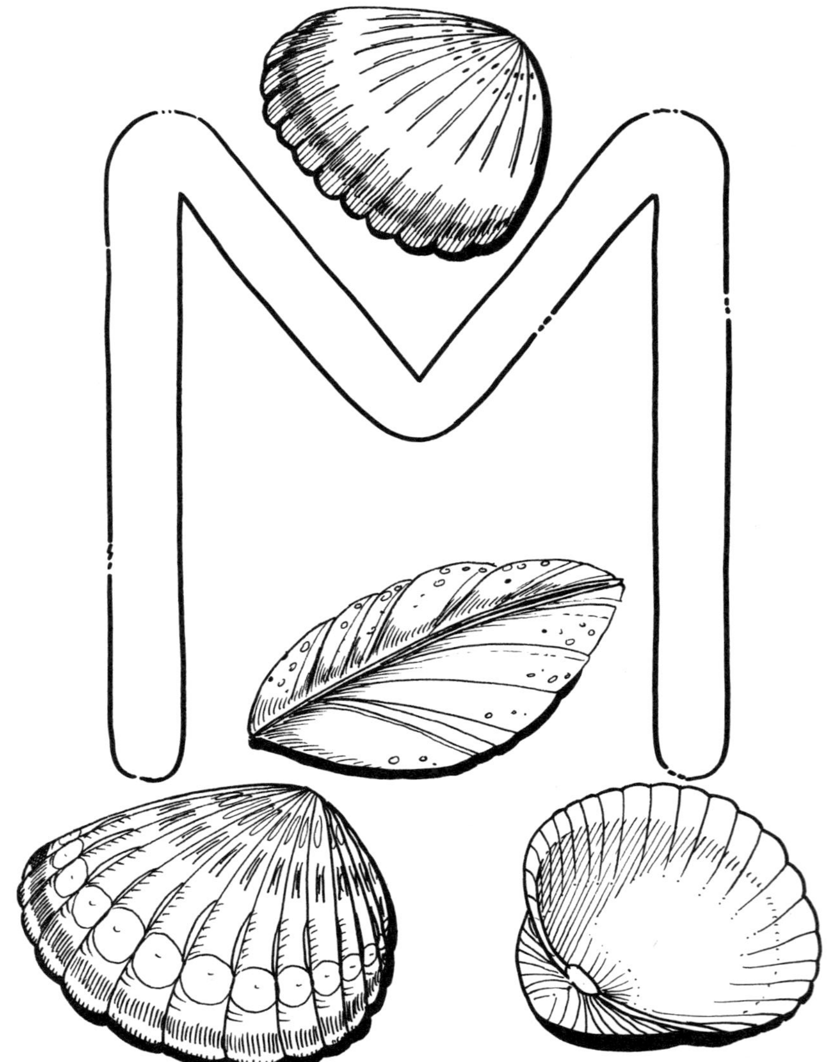

Bestell-Nr. 3-507-40407-9

Name: ____________________

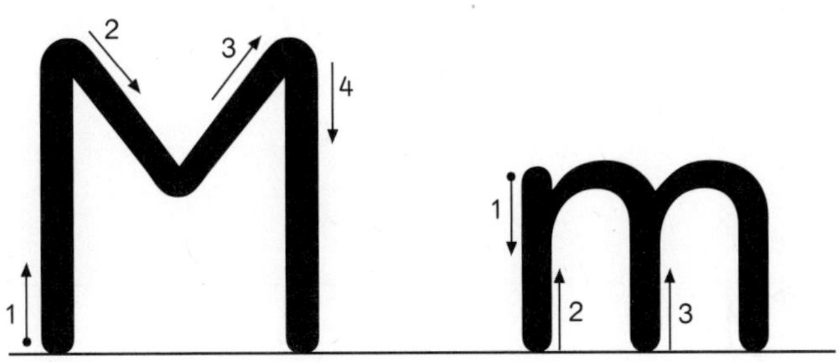

M

m

Mama

im

Mond mein Mauer Mai Mann warm

Bestell-Nr. 3-507-40407-9

M m

Name: ______________________

Mäuse

Zutaten

für ungefähr 10 Stück
- 200 g Marzipan-Rohmasse
- 150 g Puderzucker
- 3 Teelöffel Rosenwasser
- 20 halbe geschälte Mandeln
- dünne Lakritzstücke
- Zuckerperlen

Für den Schokoladenüberzug:
- 1 Esslöffel Kokosfett
- 100 g Schokolade

- Puderzucker mit Marzipan und Rosenwasser verkneten
- Teig in zehn Stücke teilen
- aus jedem Teigstück ein Mäuschen formen
- Lakritzstückchen einstecken, Mandelhälften einstecken und Zuckerperlen andrücken
- im Wasserbad Kokosfett schmelzen, Schokolade dazugeben und schmelzen lassen
- mit einem Löffel flüssige Schokolade über das Mäuschen gießen

Bestell-Nr. 3-507-40407-9

Mein Buch vom Mai

Name: ______________________

Der Maikäfer fliegt weg.

Wunderkiste für Buchstabenwochen
Bestell-Nr. 3-507-40407-9
© 1997 Schroedel Verlag GmbH, Hannover

Zum Buchstaben N

Kleinprojekte / Sachunterricht

Nebel
Nikolaus
Nüsse
Nudeln
Nachtisch
Nest
nähen / Nadel

Schreibanlässe

Nikolaus-Geschichten
Namensbuch der Klasse herstellen
„Im Nebel"
Nikolauskarte basteln

Musik

Morgen kommt der Nikolaus (Kolibri 48)
Der Nikolaus ist hier (MC Hört ihr alle Glocken läuten)
Zehn kleine Nikoläuse (Text auf Seite 88)
Das Nilpferd auf dem Dach (Kolibri 101)
Schlaflied für Herrn Nilsson (Kolibri 155)
Schöne Namen suchen wir (M 2, Nr. 6)
Namen rufen und singen

Kunst

Nikoläuse basteln (K 11, S. 13)
Nebelbild mit Wasserfarben und Deckweiß malen
Mit Nüssen basteln (K 3)
Naturwollschafe basteln
Namensschilder fürs Kinderzimmer (K 6, S. 10)

Zungenbrecher / kleine Sprechspiele

Nanni näht mit neun neuen Nadeln.

Sport und Spiele

Urlaub an der Nordsee

Anfang
Der Lehrer/die Lehrerin führt mit den Kindern ein Gespräch über die Nordsee: Was kann man alles an der Nordsee tun?
Material: Matten, Tuch (Fahne)
Die Matten (Boote) werden in der Halle verteilt. Die Kinder laufen durch die Halle. Hebt die Lehrerin/der Lehrer die Fahne, bleiben alle stehen. Nun wird die Anzahl der Kinder genannt, die sich in ein Boot setzen dürfen. Haben alle einen Platz gefunden, wird eine neue Bewegungsart genannt (hüpfen, krabbeln, rückwärts gehen usw.). Das Spiel beginnt neu.

Hauptteil (Bewegungsgeschichte)
Material: Handtücher, Bälle
An der Nordsee scheint die Sonne. Alle gehen mit den Handtüchern an den Strand und machen dort Handtuchgymnastik.

a) Das Handtuch liegt vor den Kindern:
   - Es wird ein Körperteil genannt, mit dem die Kinder das Handtuch berühren sollen.
   - Die Kinder sollen über das Handtuch springen.
   - Die Kinder laufen, gehen, hüpfen, ... um das Handtuch herum.
   - Die Kinder laufen um zwei Handtücher herum und kehren zum eigenen Handtuch zurück.
b) Das Handtuch wird mit beiden Händen an den Längsseiten gehalten:
   - Die Arme strecken und das Handtuch über den Kopf führen.
   - Die Arme strecken und mit beiden Beinen über das Handtuch steigen.
   - Das Handtuch hinter den Oberkörper schwingen und wieder zurück.

Starker Wind kommt auf. Die Handtücher werden zu Fahnen.

a) Die Fahne in der rechten, anschließend in der linken Hand schwenken.
b) Durch die Halle laufen und die Fahne hinter sich her flattern lassen.

Bestell-Nr. 3-507-40407-9

Der Wind hat sich gelegt. Alle Kinder setzen sich in die Boote (auf die Matten) und fahren zu einem anderen Strand. Dort gibt es ein Karussell.
Die Kinder bilden einen Kreis und fassen sich an den Handtüchern. Das Karussell fährt rechts herum, links herum, schnell, langsam, ...

Nun gehen die Kinder zurück zum Strand. Dazu müssen sie eine Düne überqueren.
Die Kinder bilden eine Gasse. Kinder, die sich gegenüber stehen, halten ein Handtuch an den Schmalseiten fest. Nun gehen sie in die Hocke. Das erste Kinderpaar am Anfang der Gasse steigt nacheinander über die Handtücher bis zum Ende der Gasse. Dort hocken sich die Kinder wieder hin. Es folgt das zweite Kinderpaar, das dritte usw., bis alle einmal über die Düne gestiegen sind.
Am Strand mieten sich die Kinder ein Tretboot (Handtuch).
Sie setzen sich auf ihre Handtücher, die Füße neben dem Handtuch auf dem Hallenboden. So rutschen sie, unter Einsatz von Händen und Füßen, ziehend oder schiebend durch die Halle.
Die Kinder sind wieder am Sandstrand angekommen und ruhen sich auf ihren Handtüchern aus.
Anschließend spielen sie zu viert mit einem Ball.
Je zwei Kinder fassen ein Handtuch an den Ecken. Die Paare stehen nebeneinander und schleudern den Ball mit dem straff gespannten Tuch von einem Handtuch auf das andere.

Abschluss

Material: Entspannungsmusik (Wellen - Meer - Wind)
Zur Entspannung legen sich die Kinder auf ihre Handtücher.
Variation
Material: Schwungtuch
Das Schwungtuch wird zum Segel. Die Kinder fassen das Schwungtuch am Rand und schwingen es zuerst langsam auf und nieder. Mit steigender Windstärke wird das Tuch heftiger geschwungen. Ruft die Lehrerin/der Lehrer „Los!", lassen alle das Segel an seinem höchsten Punkt los.

Zusatzspiel: Namenspiel

Material: ein Ball
Die Kinder sitzen mit gegrätschten Beinen im Kreis. Das Kind, das den Ball hat, sagt: „Ich schicke den Ball zu ..." und rollt den Ball dem genannten Kind zu. Der Ball wird so lange zwischen den Kindern hin und her gerollt, bis alle Kinder an der Reihe waren.
Variation: *a) Die Kinder stehen im Kreis und der Ball wird zugeworfen oder geprellt.*
b) Auf dem Schwungtuch kann der Ball auch von einem zum anderen Kind geschickt werden.

Zehn kleine Nikoläuse rannten um die Scheun'.
Dem einen wurd' es schwindelig, da waren 's nur noch neun.
Neun kleine Nikoläuse liefen durch die Nacht.
Der eine blieb im Dunkeln steh'n, da waren 's nur noch acht.
Acht kleine Nikoläuse wollten Schlitten schieben.
Der eine hat total verpennt, da waren 's nur noch sieben.
Sieben kleine Nikoläuse ärgerten die Hex'.
Die Hex', die hat fest zugegrapscht, da waren 's nur noch sechs.
Sechs kleine Nikoläuse gingen in die Sümpf'.
Der eine hatte Angst davor, da waren 's nur noch fünf.
Fünf kleine Nikoläuse spielten mal Klavier.
Dem einen wurde schlecht davon, da waren 's nur noch vier.
Vier kleine Nikoläuse kochten heißen Brei.
Doch einer wollte Erdbeereis, da waren 's nur noch drei.
Drei kleine Nikoläuse kloppten sich, au wei.
Da kam die Polizei gerannt, da waren 's nur noch zwei.
Zwei kleine Nikoläuse hießen beide Heiner.
Der eine muss zur Bundeswehr, da war es nur noch einer.
Ein kleiner Nikolaus, der tanzte Rambazamba.
Da kamen die anderen neun dazu und tanzten durcheinander.
Und dass auch keiner verloren geht vor dem Nachhausegeh'n,
da hab'n sie noch mal durchgezählt, ... da waren 's wieder zehn.

Bestell-Nr. 3-507-40407-9

N n

Name: ____________________

Nikolaus

Bestell-Nr. 3-507-40407-9

N n

Name: ____________________

Bestell-Nr. 3-507-40407-9

Name: ______________________

N n

N

n

Name

nun

Nase nennen Nuss Sonne Ente nein

Bestell-Nr. 3-507-40407-9

Wunderkiste für Buchstabenwochen

N n

Name: ______________________

→ ↓

→

1. ______________________

2. ______________________

3. ______________________

4. ______________________

5. ______________________

↓

2. ______________________

5. ______________________

6. ______________________

7. ______________________

8. ______________________

9. ______________________

10. ______________________

N n

Name: ______________________

Unsere Namen

Bestell-Nr. 3-507-40407-9

Zum Buchstaben O

Kleinprojekte / Sachunterricht

Oma / Opa
Obst (Obstsalat)
Obstkuchen

Schreibanlässe

Oma-Geschichten
Opa-Geschichten

Musik

Stups, der kleine Osterhase (Kolibri 40)
Onkel Jörg hat einen Bauernhof (Kolibri 94)
Obstsalat (M 6)
Meine Oma fährt im Hühnerstall Motorrad (M 8)
Omnibuslied (M 8)

Kunst

Osterbasteleien
Ohrringe aus Silberdraht basteln (K 2, S. 44)
Obstgarten aus Seidenpapier
Obstkarten entwerfen

Zungenbrecher / kleine Sprechspiele

Opa Otto sitzt im Obstbaum und pflückt Äpfel.
Opa Otto sitzt im Obstbaum und pflückt ...
Opa Otto ...

Sport und Spiele

Omnibus

Anfang
Material: „Omnibuslied" von F. Vahle (MK 1)
Das Lied wird gemeinsam angehört. Zu den einzelnen Strophen werden Bewegungsmöglichkeiten erfunden. Anschließend bewegen sich die Kinder nach dem „Omnibuslied" durch die Halle: Sie begrüßen sich, fahren schneller, betätigen die Hupe usw.

Hauptteil
Material: große Kastenteile
Die großen Kastenteile (Busse) werden in der Halle verteilt. Die Kinder laufen durch die Halle, bis die Lehrerin/der Lehrer ein Zeichen gibt und die Anzahl der Kinder bekannt gibt, die in einen Bus einsteigen dürfen. Haben alle Kinder einen Platz gefunden, wird das Kastenteil angehoben und die Kinder „fahren" in ein anderes Land. Auf ein Zeichen der Lehrerin/des Lehrers sind alle angekommen und erfahren, dass sich hier alle Menschen in einer bestimmten Fortbewegungsart bewegen: Sie hüpfen, krabbeln, gehen rückwärts usw.
Die jeweilige Bewegungsart wird von der Lehrperson oder von den Kindern vorgeschlagen.
Variation
Material: Rollbretter, kleine und große Kästen, Seile, Decken, Teppichfliesen, Matten, Mattenwagen
Aus den zur Verfügung stehenden Materialien bauen die Kinder Busse, z. B. kleine Kästen auf Rollbretter stellen, Rollbretter mit Seilen verbinden usw. Auch der Mattenwagen kann als Omnibus benutzt werden. Teppichfliesen können als Markierungen für die Haltestellen dienen.

Abschluss (Musikstoppspiel)
Material: „Omnibuslied" von F. Vahle (MK 1)
Immer vier oder fünf Kinder bilden zusammen einen Omnibus, indem sie sich hintereinander stellen und sich an den Schultern des vorderen Kindes festhalten. So fahren sie nach Anweisung des Lehrers/der Lehrerin vorwärts oder rückwärts, langsam oder schnell, ... durch die Halle. Beim Musikstopp wechselt das hintere Kind nach vorn. Nachdem alle Kinder einmal Omnibusfahrer waren, geht beim nächsten Musikstopp jeweils das vordere Kind in die Hallenmitte. Diese Kinder bilden dort einen neuen Omnibus, der aber immer nur im Kreis fährt und wie alle anderen Busse beim Musikstopp stehen bleibt. Sind alle Kinder in der Hallenmitte, ist das Spiel zu Ende.

O o

Name: ______________________

Mein Opa

Meine Oma

Bestell-Nr. 3-507-40407-9

O o

Name: ______________________

Wunderkiste für Buchstabenwochen
Bestell-Nr. 3-507-40407-9
© 1997 Schroedel Verlag GmbH, Hannover

Name: ____________________

O o

O

o

Oma

rot

Opa Ofen Rose Obst Vogel schon

Bestell-Nr. 3-507-40407-9

Wunderkiste für Buchstabenwochen

Bestell-Nr. 3-507-40407-9

Wunderkiste für Buchstabenwochen

Zum Buchstaben P

Kleinprojekte / Sachunterricht

Puppe
Pilz
Papa
Papier
Pony
Partnerklasse
Post (besuchen)
Pirat
Flaschenpost
Popcorn
Pudding
Picknick
Paten
Polizei (besuchen)

Schreibanlässe

Poststelle für die Klasse bauen
Post an die Paten
Flaschenpost

Musik

Papi, wach auf (Kolibri 11)
Pitsch, patsch, Pinguin (Kolibri 107)
Der Papagei ein Vogel ist (Kolibri 108)
In Paule Puhmanns Paddelboot (Kolibri 144)
Hey, Pippi Langstrumpf (Kolibri 152)
Schneckenpost (Kolibri 138)
Trara, die Post ist da (Kolibri 138)
Ponylieder:
Bitte, gib mir noch ein Zuckerstückchen (Kolibri 96)
Lauf, mein Pferdchen (Kolibri 97)
Pony-Song (M 7)

Kunst

Papierdeckchen
Papagei malen/basteln
Piraten basteln (K 9)
Papierflieger

Zungenbrecher / kleine Sprechspiele

Der Postkutschenkutscher putzt die Postkutsche. (3-mal schnell hintereinander sprechen)

Sport und Spiele

Piratenstunde

Anfang
Material: Gegenstände, die als Piratenschatz dienen können (Keulen, Bälle, Rasseln, Reifen usw.)
Die Kinder sitzen in einem großen Kreis. In der Mitte des Kreises befinden sich verschiedene Gegenstände (der Piratenschatz). Zwei, drei oder vier Kinder sind Piraten und bekommen die Augen zugebunden. Die Lehrerin/der Lehrer bestimmt nacheinander Kinder, die einen Schatz stehlen sollen. Die Piraten müssen genau hinhören um den Dieb zu erwischen. Wird ein Dieb erwischt, so wird er Pirat. Der Pirat, der den Dieb erwischt hat, setzt sich zu den anderen Kindern in den Kreis. Das Spiel ist zu Ende, wenn alle Schätze gestohlen wurden.

Hauptteil
Material: Bälle und Tücher in unterschiedlicher Größe und Farbe, Teppichfliesen, kleine und große Kästen, Reifen, Seile, zwei Weichbodenmatten, Matten
Aus den Materialien werden Inseln, zwei Piratenschiffe, Beiboote und dergleichen gebaut.

Piratenschiffe:	Zwei Weichbodenmatten liegen an verschiedenen Stellen in der Halle.
Landungsstege:	Große Kastenteile werden an die Weichbodenmatten gelegt.
Beiboote mit Anker:	Reifen, an die Seile gebunden sind
Inseln:	Kleine Matten werden in der Halle verteilt.
Schätze:	Bälle, Tücher, Teppichfliesen in vier verschiedenen Farben

Die Piraten verteilen sich auf die beiden Piratenschiffe. Immer zwei Kinder steigen in ein Beiboot um gemeinsam einen Schatz in das Piratenschiff zu holen. Nach jedem Raub wechselt die Mannschaft der Beiboote.

Die Piraten des einen Schiffes sammeln nur rote und grüne Schätze, die des anderen nur gelbe und blaue Schätze. Die Lehrerin/der Lehrer nennt zwischendurch, wie die Beiboote fahren: rückwärts, ein Sturm kommt auf, alle Beiboote sofort zurück usw. Bevor ein Schatz geraubt werden darf, müssen drei Inseln umfahren werden.

Variation

Wenn Rollbretter vorhanden sind, können diese als Beiboote eingesetzt werden.

Abschluss

Material: Entspannungsmusik, zwei Weichbodenmatten

Die Piraten liegen auf ihren Schiffen und hören dem Rauschen des Meeres zu.

Pippi Langstrumpf

Anfang (Musikstoppspiel)

Die Lehrerin/der Lehrer gibt den Kindern bestimmte Bewegungsaufgaben („Nur Pippi würde auf solche Ideen kommen!"), die beim Musikstopp auszuführen sind: rechter Fuß und beide Hände berühren gleichzeitig den Boden; Po und Hände berühren gleichzeitig den Boden; rechter Fuß und rechte Hand berühren gleichzeitig die Hallenwand usw. Alle Kinder laufen durch die Halle. Stoppt die Musik, führen alle die geforderte Bewegungsaufgabe aus. Dann wird die nächste Bewegungsaufgabe bekannt gegeben, die nach dem nächsten Musikstopp auszuführen ist.

Hauptteil

Material: alle Groß- und Kleingeräte, die in der Halle vorhanden sind

Alle versammeln sich zu einem Gesprächskreis. Die Lehrerin/der Lehrer erzählt die Geschichte von Pippi und ihren Freunden Annika und Thomas, die das Spiel „Nicht den Fußboden berühren" spielen. Mit den vorhandenen Materialien bauen die Kinder eine Bewegungslandschaft mit der Zielsetzung, von einem Gerät zum anderen zu kommen ohne den Hallenboden zu berühren. Großgeräte wie die Langbänke, Kästen, Stufenbarren und Pferd werden in der Halle verteilt und mit Teppichfliesen oder Matten verbunden.

Abschluss (Entspannung)

Die Lehrerin/der Lehrer legt Entspannungsmusik auf. Die Kinder „schlafen", wie Pippi schlafen würde: Sie legen sich flach auf den Rücken und decken ihr Gesicht mit einem Tuch ab.

Zusatzspiel: Plumpsack

Material: Tuch

Die Kinder bilden einen Kreis und schauen alle in die Kreismitte. Ein Kind erhält ein Tuch und läuft außen um den Kreis herum. Es lässt beim Laufen das Tuch fallen und läuft weiter. Das Kind, hinter dem das Tuch zu Boden gefallen ist, nimmt das Tuch auf versucht das andere Kind zu fangen.

Zusatzspiel: Pinguin auf der Eisscholle

Material: Zeitungen, Musik

In der Halle liegen Zeitungen auf dem Boden (Eisschollen). Jedes Kind (Pinguin) stellt sich auf eine Eisscholle. Wenn die Musik einsetzt, „schwimmen" alle Pinguine durch die Halle (das Eismeer). Stoppt die Musik, suchen sich alle irgendeine Eisscholle. Die Lehrerin/der Lehrer nimmt nach und nach Eisschollen weg oder rückt sie zusammen, sodass sich mehrere Pinguine auf einer Eisscholle treffen müssen. Das Spiel ist zu Ende, wenn sich alle Pinguine auf einer großen Eisscholle versammelt haben.

P p

Name: ______________________

Flaschenpost

Bestell-Nr. 3-507-40407-9

P p

Name: ______________________

Wunderkiste für Buchstabenwochen
Bestell-Nr. 3-507-40407-9
© 1997 Schroedel Verlag GmbH, Hannover

Bestell-Nr. 3-507-40407-9

Wunderkiste für Buchstabenwochen

Name: ______________________

P p

P

p

Post

Papa

Papagei

Puppe Pilz Pirat packen Pony Popcorn

Bestell-Nr. 3-507-40407-9

Wunderkiste für Buchstabenwochen

Zum Buchstaben Q

Kleinprojekte / Sachunterricht

Quarkspeise
Kaulquappen
Quartett

Schreibanlässe

Quallenbuch herstellen
Quatschgeschichten erfinden
Quarkspeisen (Rezepte aufschreiben)

Musik

Froschlieder: Wisst ihr, was die Frösche am Weihnachtsabend machen? (Kolibri 50)
Heut' ist ein Fest bei den Fröschen am See (Kolibri 98)

Kunst

Quartett herstellen (Fotokarton)
Quadrate mit Bleistift zeichnen
bunte Quallen zeichnen (auf blauen Grund)

Zungenbrecher / kleine Sprechspiele

Zehn Quallenkinder schwimmen quirlig und quietschvergnügt am quakenden Frosch vorbei.

Sport und Spiele

Quallenspiel

Ein Kind übernimmt die Rolle der Qualle und wird zum Fänger/zur Fängerin. Alle anderen Kinder schwimmen durch das Meer (laufen durch die Halle). Werden sie von der Qualle berührt, bleiben sie auf der Stelle stehen. Die anderen Kinder können das abgeschlagene Kind erlösen, indem sich ein Kind vor und ein anderes Kind hinter das abgeschlagene Kind stellt. Die beiden Kinder reichen sich die Hände; das abgeschlagene Kind schlüpft unter den Armen hindurch und ist erlöst.

Zehn kleine Quallenkinder

Zehn kleine Quallenkinder lagen mal am Strand,
da stieg die Sonne hoch empor und eines war verbrannt.
Neun kleine Quallenkinder schwammen in dem Meer,
die Schiffe fuhren drüberhin, da gab es eins nicht mehr.
Acht kleine Quallenkinder kamen an den Fluss,
nur sieben schafften es vorbei, das eine bleiben muss.
Sieben kleine Quallenkinder lagen auf dem Sand,
da kam der kleine Rolf vorbei und nahm eins in die Hand.
Sechs kleine Quallenkinder waren dicht am Schiff,
da kamen große Wellen an, und eins blieb auf dem Riff.
Fünf kleine Quallenkinder war'n sehr naseweis,
sie wagten an den Nordpol sich, da wurde eins zu Eis.
Vier kleine Quallenkinder trafen einen Hai,
der schnappte eines ganz schnell weg, da gab es nur noch drei.
Drei kleine Quallenkinder schwammen zu dem Floß.
Sie suchten und versteckten sich. Wo ist das dritte bloß?
Zwei kleine Quallenkinder spielten mit dem Heinz.
Er nahm das eine mit nach Haus, da gab es nur noch eins.
Ein kleines Quallenkind, das kroch ins Schneckenhaus.
Und dort gefiel 's ihm wirklich sehr. Nun ist das Liedchen aus.

Qu qu

Name: ______________________

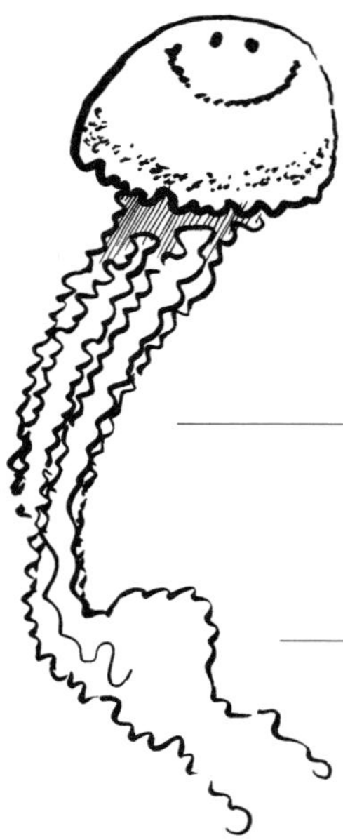

Qu qu

Name: ______________________

Name: ______________________________

Q q

Q

q

Qualle

quer

Quiz Quadrat Quartett Quark Kaulquappe quaken

Bestell-Nr. 3-507-40407-9
Wunderkiste für Buchstabenwochen

Qu qu

Name: ______________

Quiz

Was tun Frösche ? ______________

Wie heißt dicker Rauch ? ______________

Womit kann man rühren ? ______________

Woraus kommt Wasser ? ______________

Was tun Ferkel ? ______________

Was machen Kinder gern ? ______________

Wie heißt diese Form ☐ ? ______________

Qualm, Quelle, Quatsch, quaken, Quirl, quieken, Quadrat

a l m Qu ______

l l e Qu e ______

Qu a t sch ______

Der Frosch	______________
quakt	quasselt
im Teich .	im Zimmer .
Das Ferkel	Das Baby
quiekt	quäkt
im Stall .	im Bettchen .

Wunderkiste für Buchstabenwochen Bestell-Nr. 3-507-40407-9
© 1997 Schroedel Verlag GmbH, Hannover

Bestell-Nr. 3-507-40407-9

Wunderkiste für Buchstabenwochen

Zum Buchstaben R

Kleinprojekte / Sachunterricht

Ranzen (Ranzencheck)
Riesen
Ritter
Radio
Räuber
Rakete
Raumschiff

Schreibanlässe

Räuber-Geschichten
Riesen-Geschichten
Ritter-Geschichten
„Ich fliege mit meiner Rakete ..."

Musik

Das Räuberkind (Kolibri 62)
Im Walde von Toulouse, da haust ein Räuberpack
Ich schenk' dir einen Regenbogen (Kolibri 67)
Regen, Tau und Schnee (Kolibri 118)
Es regnet (Kolibri 118)
Riesenglück (Rolf Zuckowski)
Kinder des Rock'n Roll (Rolf Zuckowski)
Die Rübe (M 8)
Ein Radieschen (M 8)
Regenbogenfisch

Kunst

Riesenbonbons aus Seidenpapier basteln
Raketen aus Papierrollen basteln
Rezeptbuch herstellen

Zungenbrecher / kleine Sprechspiele

Der Roboter Robert repariert die rauchende Rakete.
Das reizende Radieschen und der ranke Rettich mögen sich sehr.

Sport und Spiele

Reifen

Anfang
Material: Reifen (ein Reifen weniger als die Anzahl der Kinder)
Die Reifen werden in der Halle verteilt. Jedes Kind stellt sich in einen Reifen. Das Kind, das keinen Reifenplatz erhalten hat, ruft: „Bäumchen, wechsel dich!" Alle Kinder müssen sich einen neuen Reifenplatz suchen. Das Kind ohne Reifenplatz hat jetzt die Gelegenheit einen Reifenplatz zu finden. Das Kind, das nun keinen Reifen mehr findet, ruft als nächstes: „Bäumchen, wechsel dich!"

Hauptteil
Material: pro Kind einen Reifen
Mit den Reifen werden unterschiedliche Aktivitäten durchgeführt:

a) Alle Reifen hintereinander legen, sodass eine Reifenstraße entsteht. Die Kinder laufen von Reifen zu Reifen durch die Reifenstraße. Dann nennt die Lehrerin/der Lehrer eine neue Bewegungsart: auf beiden Beinen hüpfen, auf einem Bein hüpfen, rückwärts gehen, auf Zehenspitzen schleichen usw.
b) Die eine Hälfte der Kinder hält die Reifen aufrecht, sodass die andere Hälfte durch die Reifen kriechen kann. Anschließend wechseln die Gruppen.
c) Jedes Kind lässt seinen Reifen durch die Halle rollen, verfolgt ihn jedoch mit den Augen. Fällt der Reifen um, läuft das Kind zu seinem Reifen und setzt sich hinein. Es wartet so lange, bis alle Kinder in ihren Reifen sitzen. Dann beginnt das Spiel erneut.
d) Alle Kinder legen ihren Reifen vor sich auf den Hallenboden und balancieren auf dem Reifen, springen in den Reifen, laufen um den Reifen herum, stellen einen Fuß in den Reifen und gehen um den Reifen, krabbeln mit einer Hand und einem Fuß im Reifen um den Reifen usw.

e) Jedes Kind rollt seinen Reifen von einer zur anderen Hallenseite.
f) Immer zwei Kinder rollen sich einen Reifen zu.

Abschluss
Material: ein Reifen
Alle Kinder stehen im Kreis und fassen sich an den Händen. Ein Reifen wird zwischen zwei Kinder gehängt. Der Reifen soll nun von einem Kind zum anderen wandern, ohne dass die Hände gelöst werden: Die Kinder müssen durch den Reifen steigen. Je nach Gruppengröße können auch mehrere Reifen zum Wandern in den Kreis gegeben werden.

Roboter

Anfang
Material: „Roboterlied" von B. Meyerholz (MK 1)
Kinder und Lehrerin/Lehrer hören sich das Roboterlied an und bewegen sich, dem Text entsprechend, zum Lied.

Hauptteil
Material: kleine Kästen, Bälle
Immer zwei Kinder bilden eine Gruppe. Das eine Kind übernimmt die Rolle des Roboters; er kann selbsttätig nur geradeaus gehen. Das andere Kind steuert den Roboter durch Berühren und achtet darauf, dass die verschiedenen Roboter nicht zusammenstoßen.
a) Durch sanften Druck auf den Kopf wird der Roboter angestellt.
b) Wird der Roboter an der rechten Schulter berührt, geht er nach rechts, ...
c) Bei sanftem Druck auf den Rücken bleibt der Roboter stehen.
d) Wird der Roboter an beiden Schultern berührt, hebt er Gegenstände auf.
Es werden Hindernisse aufgestellt (z. B. kleine Kästen), um die der Roboter geführt werden soll. Bälle werden von einer Stelle (z. B. umgedrehter kleiner Kasten) zur anderen Stelle transportiert.

Abschluss
Material: Matten
Alle Kinder liegen auf den Matten. Die Lehrerin/der Lehrer nennt nacheinander Körperteile, die der Roboter kurz anheben soll.

Zusatzspiel: Reifenstecher (Fangspiel)

Je nach Gruppengröße werden ein oder zwei Reifenstecher (Fänger) bestimmt. Alle anderen Kinder sind Autos. Die „Reifenstecher" versuchen die „Autos" zu fangen. Durch Berühren eines Beines stechen sie den Reifen platt und das Auto fällt mit einem Zischlaut in sich zusammen und bleibt liegen. Alle anderen Autofahrer können Pannenhilfe leisten, indem sie sich neben das Auto hocken und durch dreimaliges Pusten den Reifen wieder aufpumpen. Danach kann das Auto wieder am Verkehr teilnehmen.

Bestell-Nr. 3-507-40407-9

K r

Name: ______________________

K r

Name: ______________________

Wunderkiste für Buchstabenwochen
Bestell-Nr. 3-507-40407-9
© 1997 Schroedel Verlag GmbH, Hannover

Bestell-Nr. 3-507-40407-9

Wunderkiste für Buchstabenwochen

Name: ______________________________

R r

R

r

Rose

raten

Rabe Brille Roboter reiten Ritter

Bestell-Nr. 3-507-40407-9

Wunderkiste für Buchstabenwochen

Zum Buchstaben S

Kleinprojekte / Sachunterricht

Sonne
Seifenblasen
Salat
Suppe
Seeräuber
süß / sauer
Sand
die Zahl sieben

Schreibanlässe

Seeräuber-Geschichten
Suppen- und Salatrezepte sammeln
Sams-Geschichten schreiben

Musik

Sandmann, lieber Sandmann (Kolibri 13)
Trarira, der Sommer, der ist da (Kolibri 23)
Sascha (Kolibri 60)
Sieben Sprünge (Kolibri 70)

Kunst

Salzteig
Sandbilder
Serviettenblumen
Sonnenblumen
Sockentiere

Rezepte

Suppe oder/und Salat nach Arbeitsblatt zubereiten

Zungenbrecher / kleine Sprechspiele

Sieben Männer sieben mit sieben Sieben Sand.
Die sieben mit sieben Sieben siebenden Männer geben gut Acht.
Einer, der Gold in dem Sand, den er siebte, fand, lacht.

Sport und Spiele

Seile

Anfang
Material: Seile
Zwei Kinder gehen zusammen und erhalten ein Seil. Das eine Kind steckt sich das Seil in den Hosenbund und läuft durch die Halle. Das andere Kind versucht auf das Seil zu treten und es so zu erwischen. Ist das geglückt, werden die Rollen getauscht.

Hauptteil
Material: Seile, großes Schwungseil, Teppichfliesen
Jedes Kind erhält ein Seil. Die Lehrerin/der Lehrer bespricht mit den Kindern, welche Beschäftigungsmöglichkeiten das Seil bietet, z. B.:

a) Einige Seile liegen lose in gerader Linie auf dem Hallenboden. Die Kinder können auf dem Seil balancieren, über das Seil springen (mit geschlossenen Füßen, auf einem Bein hüpfend, vorwärts, rückwärts, ...), durch die Halle laufen und Froschsprünge über das Seil machen usw.
b) Alle Seile werden aneinander gelegt. Die Kinder können auf dem Seil balancieren, mit Seitensprüngen das Seil überspringen, ...
c) Mit jedem Seil wird ein Kreis gelegt. Die Kinder hüpfen in den Kreis, sie laufen durch die Halle und suchen sich auf ein Zeichen ein „Seilhaus", ...
d) Jedes Kind hat ein Seil in der Hand und schwingt das Seil zum Seilspringen, Seilspringen im Lauf, ...

e) Zwei Kinder haben zusammen ein Seil und eine Teppichfliese. Ein Kind setzt sich auf die Teppichfliese, nimmt das Seil in die Hand und lässt sich von dem anderen Kind durch die Halle ziehen.

Parallel hierzu können immer drei Kinder nacheinander mit dem großen Schwungseil Seilspringen üben: Zwei Kinder schwingen das Seil, das dritte springt.

Abschluss

Alle Kinder haben ein Seil in der Hand. Sie bilden einen Kreis, indem sie sich an den Seilen halten. Alle Kinder singen: „Wir wollen den Kranz winden, so winden wir den Kranz. Bei dem/der (hier wird der Name eines Kindes genannt), groß und fein, soll der Kranz gebunden sein."

Die Kinder gehen rechts herum. Das Kind, dessen Name genannt wurde, nimmt das andere Seil in die Hand und kreuzt seine Arme vor dem Körper. Das Spiel ist beendet, wenn alle Kinder die Arme gekreuzt haben.

Zusatzspiel: Sonne und Eismaschine (Fangspiel)

Ein Kind übernimmt die Rolle der Eismaschine (Fänger), ein anderes die der Sonne (Erlöser). Alle Kinder laufen durch die Halle. Berührt die Eismaschine ein Kind, so bleibt es in der Position, in der es berührt wurde, wie eingefroren stehen. Die Sonne kann alle eingefrorenen Kinder wieder befreien, indem sie ihre Hände über die Kinder hält. Je nach Gruppengröße können mehrere Eismaschinen oder/und Sonnen eingesetzt werden.

Zusatzspiel: Seifenblasen

Jede Gruppe besteht aus vier oder fünf Kindern und erhält einmal Seifenblasen. Ein Kind pustet die Seifenblasen, die anderen Kinder der Gruppe suchen sich eine der entstandenen Seifenblasen aus und verfolgen sie, bis sie auf der Erde zerplatzt. An diese Stelle setzen sich die Kinder auf den Hallenboden. Erst wenn alle Kinder der Gruppe sitzen, werden neue Seifenblasen gemacht. Hat ein Kind dreimal Seifenblasen gemacht, erfolgt ein Wechsel.

Zusatzspiel: Spiegelbild

Zwei Kinder bilden ein Paar und stehen sich gegenüber. Das eine Kind macht eine Bewegung vor, die das andere Kind zeitgleich spiegelbildlich nachmacht. Nach mehreren Bewegungen erfolgt ein Rollenwechsel.

Bestell-Nr. 3-507-40407-9

S s

Name: ______________________

Das
Sams
in unserer
Klasse . . .

Nach: Paul Maar: Eine Woche voller Samstage. Oetinger, Hamburg 1973.

Bestell-Nr. 3-507-40407-9

S s

Name: ______________________

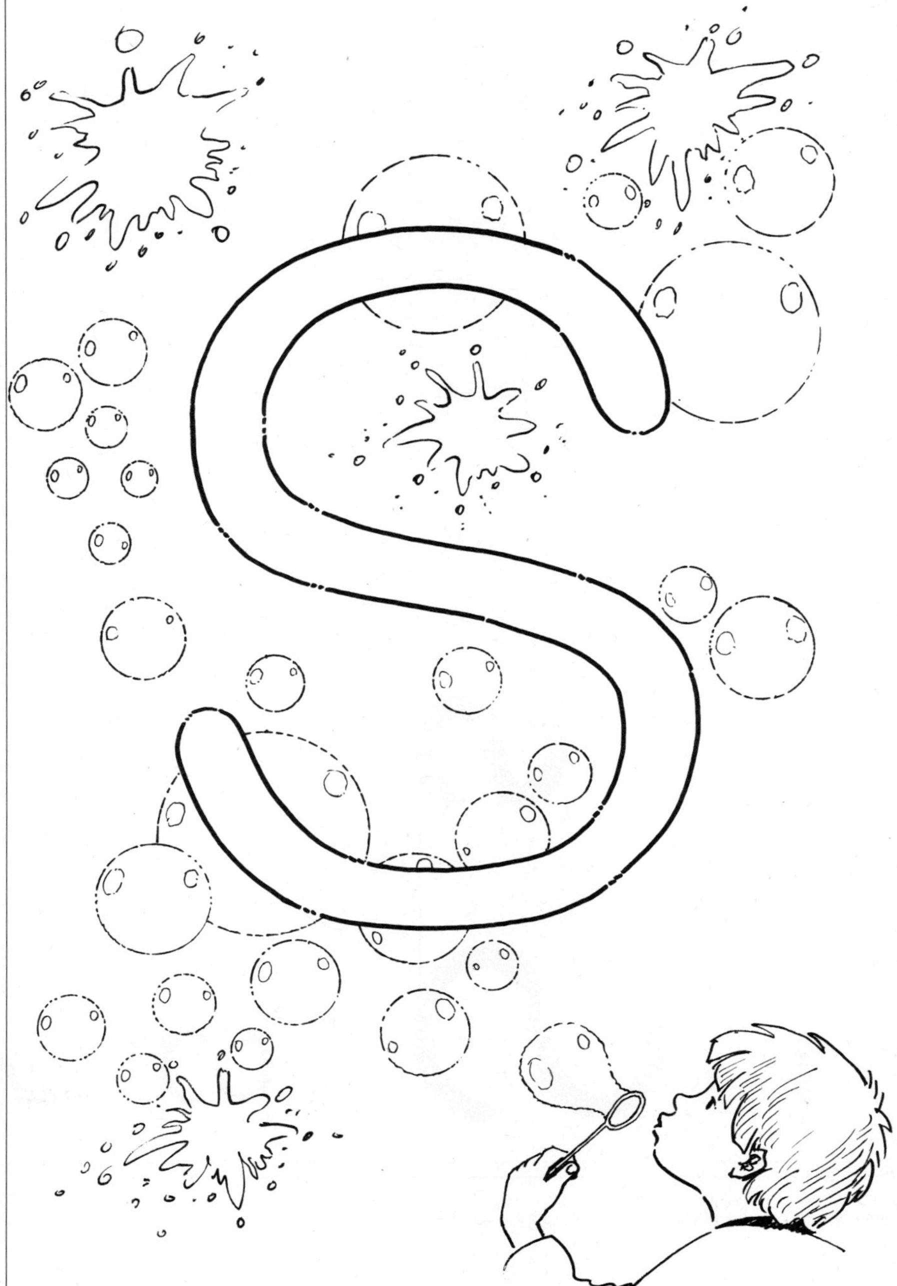

Wunderkiste für Buchstabenwochen
Bestell-Nr. 3-507-40407-9
© 1997 Schroedel Verlag GmbH, Hannover

Name: ______________________

S s

S

s

Sand

so

Seifenblase Salat süß Suppe sauer

Bestell-Nr. 3-507-40407-9

Wunderkiste für Buchstabenwochen

Suppe

(für 4 Kinder)

– 1 Päckchen Buchstabensuppe
  Wasser nach Vorgabe

– Suppe nach Anweisung zubereiten,
  Frankfurter Wüstchen in kleine Stücke schneiden

– Suppe in Schalen füllen,
  Würstchenstücke hinzufügen

Salatbüfett

(für 1 Schulklasse)

Kopfsalat
Möhren
Salatgurke
Tomaten
Paprika
Mais
Kresse
Äpfel

} alle Zutaten **einzeln** säubern und schneiden und in verschiedene Gefäße füllen

2 Salatsoßen zubereiten:
– Kräuter, Gewürze, Essig, Öl
– Sahne, Gewürze, Essig, Öl

S s

Name: ______________________

Malblatt für den Partner herstellen.
Wörter eintragen, Partner malt.

______	______	______
______	______	______
______	______	______

Salat, Salami, Salamander, Soße, Sonne, Sieb, See,
Suppe, sechs, sieben, Seil, Sack, Sessel, Sofa

Bestell-Nr. 3-507-40407-9

Zur Buchstabenfolge Sch

Kleinprojekte / Sachunterricht

Schwein	Schlange
Schaf	Schmetterling
Schatzsuche	Schatten
Schule	Schnee / Schlitten
Schloss	Schildkröte
Schiff	Schokolade essen

Schreibanlässe

Schnee-Geschichten
Schul-Geschichten
Schatzsuche (Plan entwerfen)

Musik

Der Schneemann (Kolibri 33)
Schneeflöckchen, Weißröckchen (Kolibri 34)
Musikalische Schlittenfahrt (M 2, Nr. 13)
Wie sich Schmetterlinge küssen (Kolibri 93)
Zwei lange Schlangen (Kolibri 109)
Der Schaffner hebt den Stab (Kolibri 140)
Schlangenbeschwörung (vortanzen/vorspielen)

Kunst

Schiffe falten
mit der Schere schneiden
Schmetterling
Schnecken
Schneelandschaft

Zungenbrecher / kleine Sprechspiele

Schneiderschere schneidet scharf, scharf schneidet Schneiderschere.

Die Schnecke

In Wald und Garten lebt ein Tier, (mit den Händen zeigen)
das macht im Winter zu die Tür.
Geht es im Frühjahr wieder aus,
bleibt es doch immer halb zu Haus.

Sport und Spiele

Mit dem Schiff unterwegs

Anfang
Material: kleine Matten
Die Matten (Bojen) werden auf dem Hallenboden (Meer) verteilt. Immer zwei Kinder gehen zusammen. Ein Kind übernimmt die Rolle des Kapitäns, das andere ist das Schiff. Das „Schiff" geht mit geschlossenen Augen auf allen vieren oder auf den Knien durch die Halle, ohne eine Boje oder ein anderes Schiff zu berühren. Dabei wird es vom „Kapitän" mit Worten geleitet. Anschließend werden die Rollen getauscht.

Hauptteil
Material: Weichbodenmatten, kleine Matten, Kassette mit Meeresrauschen, Zeitungen, Seile
Mit einer Weichbodenmatte und kleinen Matten wird ein Schiff gebaut. Alle Kinder steigen ein, die Musik beginnt und die Fahrt geht los. Stoppt die Musik, steigen alle Kinder in einem fremden Hafen wieder aus. Die Schiffe legen nur in Häfen an, die ein „Sch" in ihrem Namen haben, z. B.:

Schlittschuhlaufhafen	auf Zeitungsblättern wie auf Schlittschuhen laufen
Schlittenfahrhafen	auf ein Zeitungsblatt setzen, sich mit einem Seil ziehen lassen
Schneeballschlachthafen	aus Zeitungsseiten Schneebälle formen und sich damit bewerfen; anschließend aus den „Schneebällen" einen „Schneeberg" auftürmen
Land der Schlange	Die Kinder stellen sich hintereinander auf und legen die Hände auf die Schultern des vorderen Kindes. Nach Anweisung (rechts herum, links herum, im Kreis gehen, zur Mitte gehen usw.) schlängelt sich die Schlange durch die Halle.

Land der Schmetterlinge	Alle Kinder fliegen wie Schmetterlinge durch die Halle (vorwärts, rückwärts, im Zickzackflug usw.)
Land der Schildkröten	Jedes Kind nimmt ein Zeitungsblatt als Panzer auf den gekrümmten Rücken und bewegt sich vorsichtig durch die Halle, ohne den Panzer zu verlieren.
Schlaraffenlandhafen	Die Kinder pflücken pantomimisch Leckerbissen von den Bäumen.

Abschluss

Satt und müde legen sich die Kinder auf ihr Schiff und hören eine Geschichte aus dem Schlaraffenland.

Bestell-Nr. 3-507-40407-9

Sch sch

Name: ____________________

Schneemann

Bestell-Nr. 3-507-40407-9

Sch sch

Name: ____________________

Sch

Bestell-Nr. 3-507-40407-9

Sch sch

Name: ____________

Kannst du das schon ?

- ◯ mit der Schere schneiden
- ◯ schnell schreiben
- ◯ schlafen
- ◯ Schokolade essen
- ◯ Fische malen
- ◯ Farben mischen
- ◯ einen Brief schreiben
- ◯ eine Schleife binden
- ◯ einen Schneemann malen
- ◯ ____________
- ◯ ____________
- ◯ ____________

Bestell-Nr. 3-507-40407-9

Name: ____________

Sch sch

Sch

sch

Schule

schon

Schnee Schal Schmetterling schade Fisch
Schokolade waschen Schecke schnell

Bestell-Nr. 3-507-40407-9

Bestell-Nr. 3-507-40407-9

Zum Buchstaben T

Kleinprojekte / Sachunterricht

Tiere
Traum
Theater
tasten
Telefon
Teddy-Tag
Tee
Tomatensalat
Tisch

Schreibanlässe

Traum-Geschichten
Teddy-Geschichten
Tier-Geschichten

Musik

Tanzlieder: Es tanzt ein Bi-Ba-Butzemann (Kolibri 72)
Tickititack, der Tausendfüßler (Kolibri 78)
Telefonlied (M 5)
Lied erfinden: Zehn kleine Teddybären
Traummusik (Entspannungsmusik), dazu malen lassen

Kunst

Tintenklecksbilder
Tipi bauen/malen

Zungenbrecher / kleine Sprechspiele

Teddy, Teddy, Teddy, Teddy,
scht - Teddy - scht,
Teddy, Teddy, Teddy, Teddy.

(Der Zeigefinger tippt auf die Finger der anderen Hand, beginnend mit dem kleinen Finger. Zwischen Zeigefinger und Daumen wird gerutscht.)

Sport und Spiele

Tunnel (Fangspiel)

Anfang
Ein Kind übernimmt die Rolle des Fängers, die anderen Kinder laufen durch die Halle. Kinder, die gefangen wurden, gehen in die Hocke. Sie können erlöst werden, wenn zwei Kinder einen Tunnel über dem abgeschlagenen Kind errichten. Sie stellen sich dazu rechts und links neben das Kind, fassen sich an den Händen und bilden mit den Armen ein Dach über dem Kind.

Hauptteil
Material: Decken, Tücher, Schwungtuch, Langbänke, kleine und große Kästen, Seile, Klammern, Stufenbarren, eventuell Teppichfliesen und Rollbretter (sind Kriechtunnel vorhanden, können diese zusätzlich eingesetzt werden)
Die Kinder werden in Gruppen eingeteilt und bauen mit den vorhandenen Materialien selbsttätig verschiedene Tunnel, z. B.:
a) Eine Langbank wird parallel zur Hallenwand gestellt. Zwischen Bank und Wand werden kleine Matten eingeklemmt, sodass ein Tunnel entsteht.
b) Zwei große Kästen werden parallel nebeneinander gestellt und zwei kleine Matten darüber gelegt.
c) Zwei Langbänke werden parallel nebeneinander gestellt und kleine Matten darüber gelegt.
d) Ein Schwungtuch wird mit Seilen an der Sprossenwand befestigt und auf der anderen Seite unter kleinen Kästen am Hallenboden festgehalten.
e) Unterhalb der Stufenbarrenholme werden Seile gespannt, an denen mit Klammern Decken und Tücher befestigt werden. Kleine Matten werden über die Holme gelegt.

Bestell-Nr. 3-507-40407-9

Wunderkiste für Buchstabenwochen

Die Kinder bestimmen anschließend, auf welche Art und Weise ihr Tunnel durchkrochen oder durchfahren werden soll, z. B. mit einem Rollbrett, gezogen auf einer Teppichfliese, rückwärts, ...

Abschluss

Material: zwei Bälle

Die Kinder sitzen dicht nebeneinander im Kreis. Die Knie sind gebeugt, die Füße stehen auf dem Hallenboden, sodass ein Tunnel gebildet wird. Zwei Bälle werden auf den gegenüberliegenden Seiten ins Spiel gebracht. Die Bälle werden im Tunnel von einem Kind zum anderen schnell weitergerollt, sodass sich die Bälle jagen. Wird ein Ball eingeholt, ist das Spiel zu Ende.

Variation: Gibt die Lehrerin/der Lehrer ein Zeichen, dann ändert sich die Weitergaberichtung.

Tasten

Anfang

Ein Kind übernimmt die Rolle des Fängers, die anderen laufen durch die Halle. Hat der Fänger ein Kind erwischt, so nimmt er es bei der Hand. Sie fangen gemeinsam weiter. Die Fängergruppe vergrößert sich, bis vier Kinder zu ihr gehören. Dann teilt sie sich in zwei Zweiergruppen, die getrennt weiter fangen. Das Spiel ist zu Ende, wenn nur noch ein einziges Kind zu fangen ist. Dieses Kind darf beim nächsten Spiel als Fänger beginnen.

Hauptteil

Material: unterschiedliche Materialien zum Ertasten (Wolle, Strohhalme, Korken, Bierdeckel, Schaumstoffteile, Papierschnipsel, Seile, Sandsäckchen usw.)

Die Kinder und die Lehrerin/der Lehrer sitzen dicht nebeneinander im Kreis auf dem Hallenboden. Die Lehrperson gibt irgendein Material hinter dem Rücken an das Nachbarkind weiter. Dieses erfühlt den Gegenstand und gibt ihn, ohne ihn zu benennen, an das folgende Kind weiter. So wird verfahren, bis jedes Kind den Gegenstand ertastet hat. Dann sagen die Kinder, was sie glauben ertastet zu haben. Der Gegenstand wird in die Mitte gelegt und ein neuer Gegenstand macht seine Runde.

Anschließend wird mit den Materialien eine Taststraße gebaut. Zwei Mattenbahnen (kleine Matten hintereinander) werden parallel nebeneinander gelegt, sodass eine Gasse entsteht. Die Gasse wird durch kleine Kästen in mehrere Bereiche unterteilt. In jeden Bereich wird eine Materialsorte gelegt.

Zwei Kinder gehen zusammen. Das eine Kind führt das andere nacheinander zu den einzelnen Tastbereichen. Das geführte Kind geht barfuß und mit geschlossenen Augen. Es versucht mit den Füßen die Materialien zu ertasten. Die Kinder können die Reihenfolge der Bereiche selbst wählen. Anschließend werden die Erfahrungen ausgetauscht (Was war weich, hart, unangenehm, ...?).

Abschluss

Material: Decken

Fünf Kinder bilden eine Gruppe. Ein Kind legt sich in einer selbst gewählten Position unter die Decke. Drei Kinder der Gruppe versuchen durch Abtasten die Körperstellung zu bestimmen und legen sich in gleicher Stellung neben das Kind. Das fünfte Kind hebt die Decke an und überprüft die Übereinstimmung.

Zusatzspiel: Tag und Nacht

Die Kinder werden in zwei Gruppen aufgeteilt. Die eine Gruppe ist der Tag, die andere die Nacht. An der Mittellinie der Halle stehen sich die beiden Gruppen gegenüber. Ruft die Lehrerin/der Lehrer „Tag!", so läuft die Nachtgruppe so schnell wie möglich zu ihrer Hallenwand, während die Taggruppe die Nachtkinder fangen will. Kinder, die gefangen wurden, wechseln zur anderen Gruppe. Das Spiel ist zu Ende, wenn alle Kinder einer Gruppe gefangen wurden.

Zusatzspiel: Tageszeiten

Für die vier Tageszeiten „Morgen", „Mittag", „Abend" und „Nacht" werden vier verschiedene Bewegungsarten festgelegt: für „Morgen" z. B. Hampelmann springen, für „Mittag" z. B. hüpfen usw. Die Kinder laufen durch die Halle. Auf ein vereinbartes Zeichen bleiben alle Kinder stehen. Die Lehrerin/der Lehrer nennt eine Tageszeit und die Kinder führen die festgelegte Bewegung aus. Ruft die Lehrerin/der Lehrer „Tag!", dann laufen alle Kinder wieder los.

T t

Name: ____________________

Das Telefon klingelt.

T t

Name: ____________________

Name: ____________________

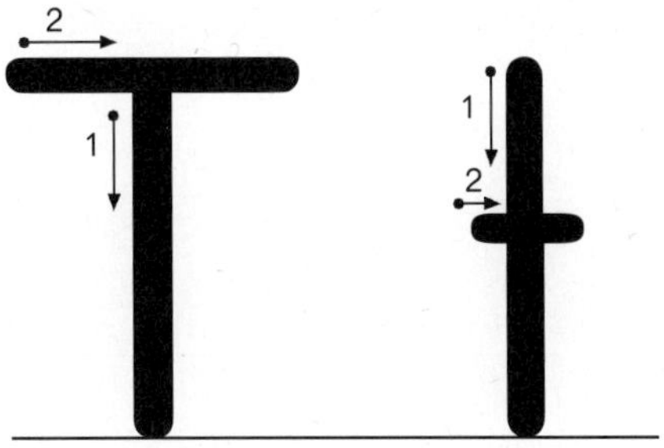

T

t

Tiger

tanzen

Tee Telefon teilen Traum tun Teddy

Bestell-Nr. 3-507-40407-9

Wunderkiste für Buchstabenwochen

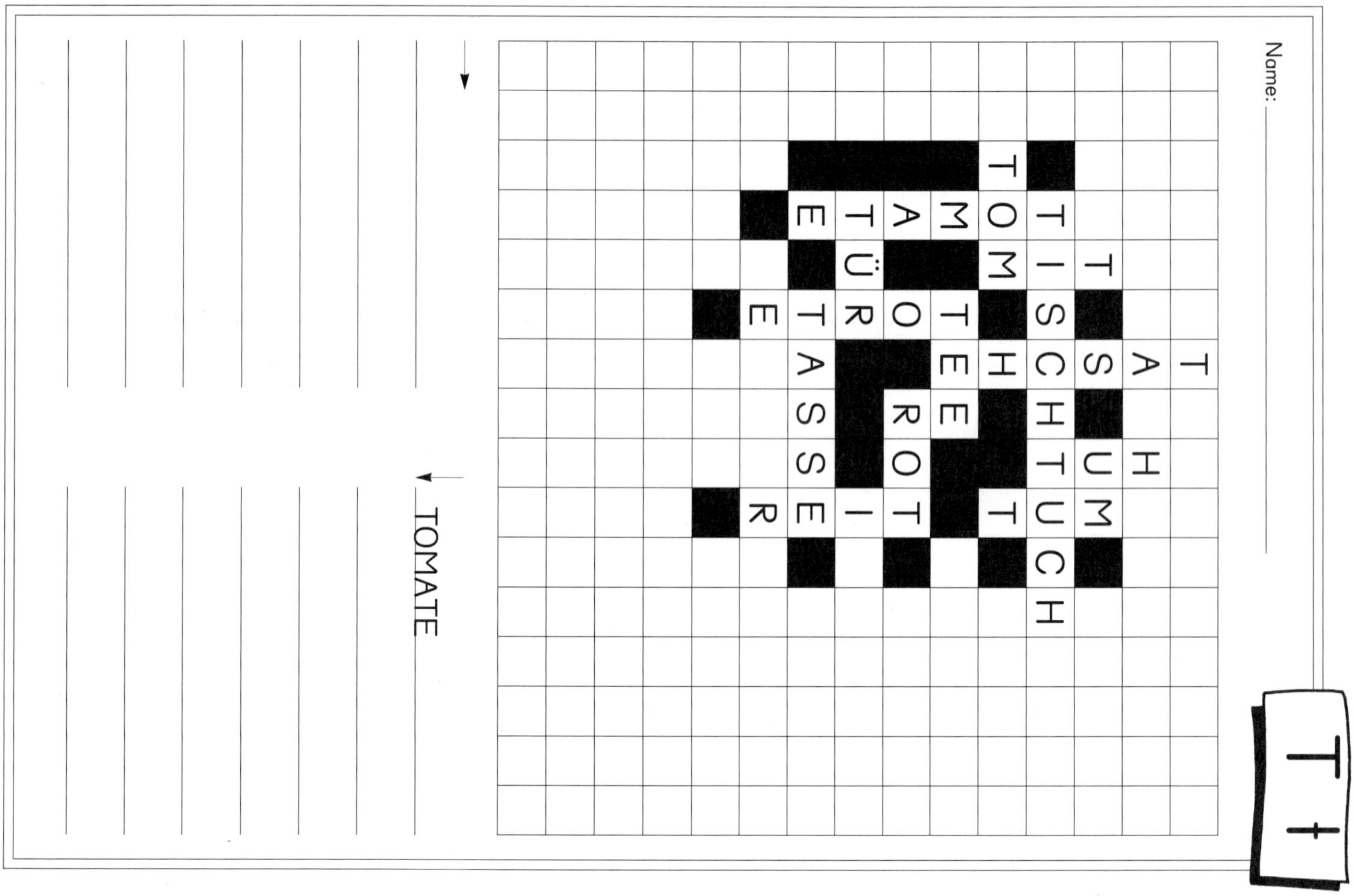

Wunderkiste für Buchstabenwochen Bestell-Nr. 3-507-40407-9

Mein kleines Tierbuch

Da sitzt eine schwarze Katze .

2

Hier liegt ein großer, brauner Hund .

4

Bestell-Nr. 3-507-40407-9
Wunderkiste für Buchstabenwochen

Zum Buchstaben U

Kleinprojekte / Sachunterricht

Uhr
Unsinn
Ungeheuer
Urwald

Schreibanlässe

Unsinn-Geschichten
Urwald-Geschichten
Ungeheuer-Geschichten

Musik

Sinfonie „Die Uhr" (M 2, Nr. 21)
Uhrenkanon „Große Uhren machen tick-tack, ..."
Unsinnlieder erfinden
Urwaldgeräusche erfinden

Kunst

Uhr aus Fotokarton basteln
Umwelt-Auto basteln (K 5, S. 20)

Zungenbrecher / kleine Sprechspiele

Urmel spielt im Schloss, Urmel spielt im Schloss.	(beide Zeigefinger klopfen leise den Rhythmus auf den Tisch)
Urmel spielt nicht Diener, Urmel spielt nicht Ross.	(steigern bis zum Klatschen, Stimme wird lauter)
Urmel spielt nur eins: Urmel spielt den Boss.	(Zischlaute übertrieben deutlich sprechen)

Sport und Spiele

Urwald

Anfang
Material: Tamburin, Triangel, Rassel
Gespräch: „Wenn wir im Urwald lebten, wie könnten wir uns verständigen?" Verschiedene Trommelrhythmen zur Übermittlung von Botschaften erfinden, z. B. Triangel (in eine Hallenecke laufen), Tamburin (alle laufen in die Hallenmitte), Rassel (sich auf die Weichbodenmatte legen). Alle Kinder bewegen sich durch die Halle. Wenn sie eines der Geräusche hören, begeben sie sich zum vereinbarten Ort.

Hauptteil
Material: kleine Kästen, Langbänke, Seile, Reifen, Tau
Im Urwald wachsen die Bäume wie sie wollen. Deshalb ist es schwer durch den Urwald zu gehen. Kinder und Lehrerin/Lehrer machen pantomimisch einen Spaziergang durch den Urwald: Sie biegen Äste zur Seite, klettern über Baumstämme, kriechen unter umgestürzten Bäumen hindurch, durchwaten einen Sumpf, halten Ausschau nach wilden Tieren usw.
Anschließend wird ein Urwald aufgebaut, z. B.:

Langbank	Sich an der Langbank entlang ziehen, sie in die Sprossenwand einhängen, sich an ihr hoch ziehen und an der Sprossenwand herunter klettern usw.
kleine Kästen	Die Kästen mit geringem Abstand hintereinander stellen, von einem Kasten zum nächsten gehen, springen, ...
Seile	Die Seile aneinander legen, auf den Seilen balancieren
Reifen	Reifen auf dem Hallenboden verteilen, von Reifen zu Reifen hüpfen, ...
Matten	Mattenbahnen legen, auf den Matten entlang kriechen, ...

Es können Expeditionsgruppen von einem Expeditionsführer durch den Urwald geleitet werden. Die Rollen sollten gewechselt werden, sodass jedes Kind einmal die Expeditionsgruppe anführt.

Abschluss
Material: Tamburin
Alle Kinder sitzen im Kreis. Ein Kind trommelt mit den Händen einen kurzen Rhythmus auf das Tamburin, der von allen anderen auf dem Hallenboden nachgetrommelt wird. Jedes Kind darf einen Rhythmus vortrommeln.

U u

Name: ______________________

Im Urwald

Bestell-Nr. 3-507-40407-9

U u

Name: ______________________

Bestell-Nr. 3-507-40407-9

Name: ____________________

U u

1 2

U

u

Uhr

und

Ungeheuer Unsinn unten Kuh Mut

Bestell-Nr. 3-507-40407-9

Wunderkiste für Buchstabenwochen

Bestell-Nr. 3-507-40407-9

Zum Buchstaben V

Kleinprojekte / Sachunterricht

Vampire
Vulkan
Vögel
Verkehrserziehung
Vanillepudding

Schreibanlässe

Vogel-Geschichten
Vampir-Geschichten

Musik

Alle Vögel sind schon da (Kolibri 18)
Ein Vogel wollte Hochzeit machen (Kolibri 102)
Vögelein, Vögelein, tanz mit mir (Kolibri 103)
Kommt ein Vogel geflogen
Lieder zur Verkehrserziehung (Rolf Zuckowski)

Kunst

Vampire mit Wasserfarben malen
Vögel aus Tonpapier falten
verkleiden
Vasen aus Ton herstellen
Vogelscheuche aus Stoffresten aufkleben

Zungenbrecher / kleine Sprechspiele

Der Vampir Vladimir versteckt sich im Vulkan.

Sport und Spiele

Verkehr

Anfang
Material: „Lenkräder", z. B. Tennisringe, Frisbeescheiben u. a., Musik
Die Musik wird angestellt. Alle Kinder fahren mit den Lenkrädern in der Hand durch die Halle. Stoppt die Musik, bleiben alle Autos stehen. Die Lehrerin/der Lehrer gibt Anweisungen, wie weitergefahren werden soll, z. B. „den ersten, zweiten, ... Gang einlegen, den Rückwärtsgang einlegen, bestimmte Bodenmarkierungen beachten usw.

Hauptteil
Material: Rollbretter, Mattenwagen, Pedalos, Seile, kleine und große Kästen, Keulen, Langbänke
Aus den zur Verfügung stehenden Materialien werden unterschiedliche Fahrzeuge/Wege gebaut, z. B.:

Busse	Rollbretter unter Langkastendeckel, Bank oder Matte
Autos	Rollbretter unter kleinen Kästen
Boote	Rollbretter unter Kastendeckel, Mattenkonstruktionen
Kutsche	Mattenwagen wird mit Seilen gezogen
Straßen	Seile auf dem Hallenboden markieren die Verkehrswege
Tunnel	Matten über Bänken und Kästen

Die Kinder können im offenen Spielangebot mit den unterschiedlichen Verkehrsmitteln reisen.

Abschluss (Ballonfahrt)
Material: Schwungtuch, Entspannungsmusik (MK 5)
Die Kinder stehen im Kreis und fassen das Schwungtuch an den Rändern. Zur Musik schwingen sie das Tuch auf und ab. Ein Teil der Kinder legt sich unter das Tuch, während die anderen Kinder es weiter schwingen. Die Lehrerin/der Lehrer erzählt von der Ballonfahrt: Der Ballon steigt höher und höher, schwebt über Wälder, Wiesen und Felder, Menschen und Tiere sind winzig klein von hier oben, ... Wenn der Ballon wieder landet, senkt sich das Schwungtuch auf die darunter liegenden Kinder.

Zusatzspiel: Versteinert (Fangspiel)

Drei oder vier Kinder übernehmen die Rolle des Fängers, die anderen laufen durch die Halle. Wird ein Kind gefangen, so bleibt es in der Haltung stehen, in der es abgeschlagen wurde. Durch Antippen durch andere Kinder wird es befreit und kann wieder am Spiel teilnehmen.

V v

Name: ______________________

Der kleine Vampir

Nach: Angela Sommer-Bodenburg: Der kleine Vampir. Rowohlt 1983.

Bestell-Nr. 3-507-40407-9

V v

Name: ______________________

Bestell-Nr. 3-507-40407-9

Name: ______________________________

V v

V

v

Vogel

voll

Vase Nerv Veilchen viel Verkehr
Vulkan Vater vorn Vanillepudding

Bestell-Nr. 3-507-40407-9

Wunderkiste für Buchstabenwochen

Bestell-Nr. 3-507-40407-9

Wunderkiste für Buchstabenwochen

Zum Buchstaben W

Kleinprojekte / Sachunterricht

Wald, Wiese, Wasser
Winter
Wetter (Wetterstation)
Woche
Wolf
Waffeln
Wackelpudding
Wellensittich

Schreibanlässe

Wald-, Wiese-, Wasserbuch
Wal-Geschichten
Wunschzettel schreiben
Weihnachtskarten schreiben

Musik

Weihnachtslieder:
Die Wi-, die Wa-, die Weihnachtsmaus (Kolibri 46)
In der Weihnachtsbäckerei (Kolibri 51)
We wish you a Merry Christmas (Kolibri 53)
Weck mich nicht auf (Kolibri 8)
Winterschlaf (Kolibri 34)
Auf der Mauer, auf der Lauer (Kolibri 73)
Sitzt ein Würmchen auf dem Türmchen
Wide, wide, wenne, heißt meine Puthenne

Kunst

Windmühle aus Papier basteln
Wollpüppchen
Walnusstiere basteln
Winterlandschaften basteln (K 4)
Wäscheklammertiere basteln (K 2, S. 100)

Zungenbrecher / kleine Sprechspiele

Wenn ich weiß, was du weißt, und du weißt, was ich weiß,
dann weiß ich, was du weißt, und du weißt, was ich weiß.

Wir Wiener Waschweiber wollen weiße Wäsche waschen,
wenn wir wüssten, wo weiches warmes Wasser wär'.

Sport und Spiele

Waldspaziergang

Anfang

Lehrerin/Lehrer und Kinder unterhalten sich, was man alles auf einem Waldspaziergang erleben kann. Pantomimisch wird ein Waldspaziergang gemacht: Wanderschuhe und Windjacke anziehen, über Baumstämme steigen, Vögel mit dem Fernglas beobachten, auf einen Hochsitz klettern usw. Anschließend überlegen alle, wie mit den vorhandenen Materialien in der Halle der Wald gebaut werden kann.

Hauptteil

Material: kleine und große Kästen, Langbänke, Matten, Taue, Sprossenwand, Leiter
Mit den Materialien werden verschiedene Waldstationen aufgebaut, z. B.:

über Baumstämme klettern	Langbänke werden im Abstand von einem Meter parallel nebeneinander gestellt und müssen überstiegen werden.
auf Bäume klettern	An der Sprossenwand kann hoch und runter geklettert werden.
in eine Höhle kriechen	In einer Hallenecke wird eine Langbank parallel zur Hallenwand gestellt; zwischen Hallenwand und Bank werden zwei Matten bogenförmig eingeklemmt.
eine Hütte bauen	Zwei große Kästen werden nebeneinander gestellt und mit zwei kleinen Matten als Dach abgedeckt.

über eine Waldbrücke gehen	Eine Langbank wird umgedreht und auf mehrere Gymnastikstäbe gelegt; kleine Kästen vor und hinter der Bank sollen verhindern, dass die Bank von den Stäben rollt.
über Steine springen	Kleine Kästen werden hintereinander gestellt.
auf einen Hochsitz klettern	Große und kleine Kästen werden hintereinander gestellt, sodass von Kasten zu Kasten geklettert werden kann.
über einen Bach hangeln	Die beiden Holme des Stufenbarrens werden so hoch gestellt, dass sich die Kinder von einer Seite zur anderen hangeln können.

Die Kinder gehen, klettern, hangeln und kriechen durch den Wald.

Abschluss (Baumstammrollen)
Mit kleinen Matten werden Mattenbahnen gelegt. Immer zwei Kinder bilden ein Paar. Das eine Kind legt sich quer auf die Mattenbahn und wird wie ein Baumstamm bis zum Ende der Bahn gerollt. Anschließend werden die Rollen getauscht.

Zusatzspiel: Watte pusten

Material: farbige Wattekugeln, Strohhalme (Trinkhalme), Teppichfliesen oder Kartonblätter
Die farbigen Wattekugeln liegen in der Hallenmitte auf einer Teppichfliese oder auf einem Kartonblatt. Im Abstand von zwei Metern um die Hallenmitte liegen Teppichfliesen oder Kartonblätter in den Farben der Wattekugeln. Die Kinder versuchen die Wattekugeln mithilfe der Strohhalme/Trinkhalme auf die farblich entsprechende Teppichfliese oder das farblich entsprechende Kartonblatt zu pusten.

Zusatzspiel: Wäscheklammern fangen

Material: für jedes Kind fünf Wäscheklammern
Jedes Kind erhält fünf Wäscheklammern, die es an seiner Kleidung befestigt. Dann bewegen sich die Kinder durch die Halle. Sie bewachen ihre eigenen Klammern, versuchen aber gleichzeitig Klammern zu stehlen und an ihrer Kleidung zu befestigen. Das Spiel wird nach einer vorher vereinbarten Zeit beendet. Wer die meisten Klammern hat, ist Klammerkönig. Alle restlichen Klammern werden von den Kindern an der Kleidung des Klammerkönigs befestigt.

Bestell-Nr. 3-507-40407-9

W w

Name: ____________________

Mein Wunschzettel

Bestell-Nr. 3-507-40407-9

W w

Name: ____________________

Wunderkiste für Buchstabenwochen
Bestell-Nr. 3-507-40407-9
© 1997 Schroedel Verlag GmbH, Hannover

Name: ______________________________

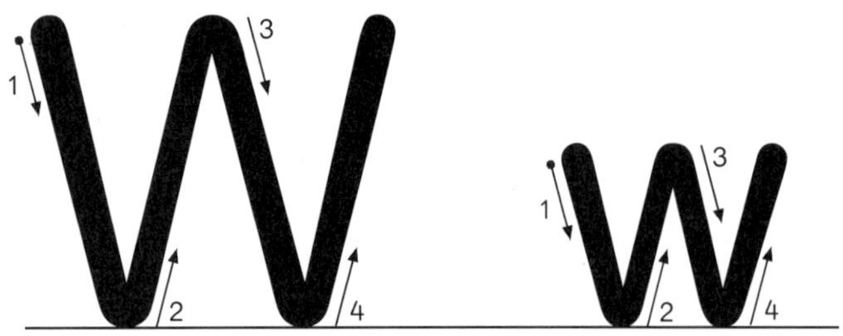

W

w

Wiese

wer

Wasser wo Wald Wetter was Weihnachten

Bestell-Nr. 3-507-40407-9

Wunderkiste für Buchstabenwochen

Name: ______________________

VV w

Wie ist das Wetter ?
Schau jeden Tag nach und kreuze an .

MO				
DI				
MI				
DO				
FR				
SA				
SO				

Bestell-Nr. 3-507-40407-9

Bald ☆ist
Weihnachten

1

2

3

4

Wunderkiste für Buchstabenwochen
Bestell-Nr. 3-507-40407-9

Bestell-Nr. 3-507-40407-9

Zum Buchstaben X

Kleinprojekte / Sachunterricht

Hexe
Nixe

Schreibanlässe

Hexen-Geschichten
Nixen-Geschichten

Musik

Hexenlieder:
Morgens früh um sechs (Kolibri 10)
Kleine Hexen (M 9)
Hexentanz erfinden
Xylofon spielen

Kunst

Hexen aus Stoffresten basteln
Hexentreppen (K 2, S. 11)

Zungenbrecher / kleine Sprechspiele

Die kleine Hexe hext den Hexenbesen auf den Hexenberg.

Sport und Spiele

Hexen

Anfang
Material: Gymnastikstäbe (Hexenbesen), Lied „Kleine Hexen" von Rudi Mika (MK 3)
Jedes Kind erhält einen Hexenbesen. Die Musik wird angestellt und die Kinder reiten als Hexen durch die Halle. Erfolgt der Refrain, stoppen die Hexen und halten ihren Besen mit einer Hand fest, stellen ihn auf den Boden und tanzen um ihn herum.

Hauptteil
Material: Gymnastikstäbe
Richtige Hexen haben auch einen Hexenspruch. Die Lehrerin als Oberhexe stellt den Hexenspruch vor: „Hokuspokus, eins, zwei, drei, Hexen fliegen mit Geschrei." Der Hexenspruch wird aber nur zu besonderen Gelegenheiten benutzt. Alle Hexen überlegen sich, was sie mit ihrem Hexenbesen alles anstellen können.

a) Alle Hexenbesen werden in der Hallenmitte hintereinander gelegt, sodass eine Reihe entsteht. Die Hexen laufen um die Hexenbesen herum. Hebt die Oberhexe ihren Arm, bleiben die Hexen stehen und erwarten neue Anweisungen, wie sie sich zu bewegen haben (schnell, langsam, rückwärts, hüpfen, ...).
Zum Abschluss nehmen die Hexen ihren Hexenbesen wieder auf, sagen den Hexenspruch auf und fliegen mit Geschrei durch die Halle, bis die Oberhexe ein Zeichen gibt.
b) Die Hexen bereiten einen Formationsflug vor. Sie fliegen in langer Reihe hintereinander her, finden sich zu Paaren, zwei Paare schließen sich zu einer Vierergruppe zusammen usw. Die Rolle der Oberhexe, die den Flug anführt, kann auch von verschiedenen Kindern übernommen werden.
Zum Abschluss sagen alle Hexen den Hexenspruch auf und fliegen mit Geschrei kreuz und quer durch die Halle, bis die Oberhexe ein Zeichen gibt.
c) Die Hexen erproben mit ihrem Hexenbesen eine Hexengymnastik. Der Besen wird an beiden Enden gefasst und mit gestreckten Armen über den Kopf gehoben. Dann wird er mit durchgestreckten Knien vor die Füße gelegt, anschließend wieder über den Kopf gehoben usw.
Dann wird der Hexenbesen mit beiden Händen so vor den Körper gehalten, dass die Hexen über den Besen steigen können ohne ihn loszulassen.
Der Hexenbesen wird in die rechte Hand genommen und gedreht, dann in die linke Hand genommen und gedreht usw.
Abschließend sagen die Hexen den Hexenspruch auf und fliegen mit Geschrei durch die Halle, bis die Oberhexe ein Zeichen gibt.
d) Immer zwei Hexen teilen sich einen Hexenbesen. Sie reiten zusammen um Hindernisse herum, entlang von Bodenmarkierungen usw.

Die Hexenpaare stellen sich gegenüber und fassen die Besen an ihren Enden. Alle Hexenpaare zusammen bilden eine Gasse und gehen in die Hocke. Das letzte Hexenpaar durchsteigt die Gasse, indem die Hexen hintereinander gehen ohne die Besen loszulassen. Am Ende der Gasse stellt sich das Hexenpaar wieder auf. So steigen alle Hexenpaare einmal durch die Gasse.
Abschließend sagen die Hexen ihren Hexenspruch auf und fliegen mit Geschrei durch die Halle.

Abschluss

Material: Gymnastikstäbe (Hexenbesen), Lied „Kleine Hexen" von Rudi Mika (MK 3)
Jedes Kind erhält einen Hexenbesen. Die Musik wird angestellt und die Hexen reiten durch die Halle. Erfolgt der Refrain, dann stoppen alle Hexen, fassen den Besen mit einer Hand, stellen ihn auf den Boden und tanzen um ihn herum. Ist das Lied zu Ende, dann treffen sich alle Hexen in der Hallenmitte und sagen zum Abschluss den Hexenabschiedsspruch auf: „Hokuspokus, Katzendreck, Hexen schleichen leise weg." Die Hexen geben ihre Besen ab und schleichen leise aus der Halle.

Zusatzspiel: Taxifahrt (Musikstoppspiel)

Material: Frisbeescheiben oder Tennisringe
Einige Kinder werden zu Taxifahrern. Sie erhalten als Lenkrad eine Frisbeescheibe oder einen Tennisring. Alle Kinder laufen durch die Halle. Stoppt die Musik, nennt die Lehrerin/der Lehrer die Anzahl der Kinder, die in ein Taxi einsteigen dürfen. Die Kinder suchen sich ein Taxi, stellen sich hintereinander auf und fassen sich an den Schultern. Wenn die Musik wieder einsetzt, fahren sie mit dem Taxi durch die Halle. Beim nächsten Spiel erhält das Kind unmittelbar hinter dem Fahrer das Lenkrad, bis alle Kinder einmal Taxifahrer waren.

Bestell-Nr. 3-507-40407-9

X x

Name: ____________

X x

Name: ____________

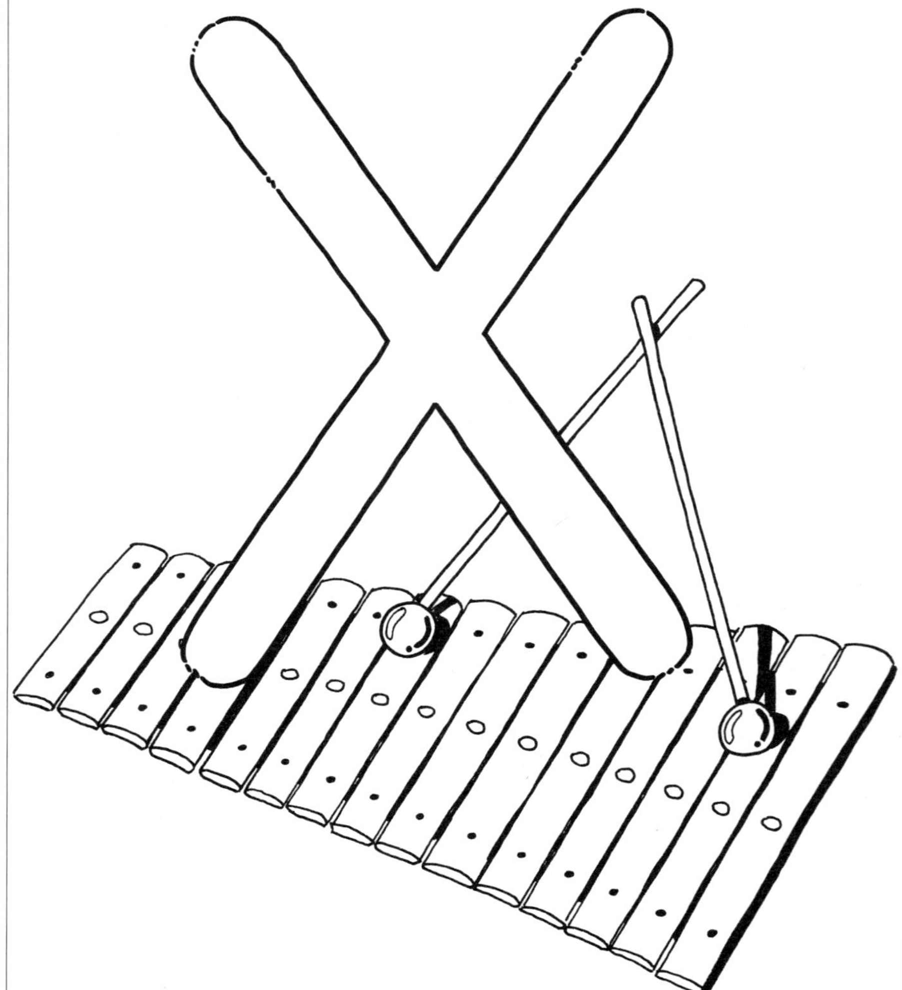

Wunderkiste für Buchstabenwochen Bestell-Nr. 3-507-40407-9 © 1997 Schroedel Verlag GmbH, Hannover

Name: ____________________

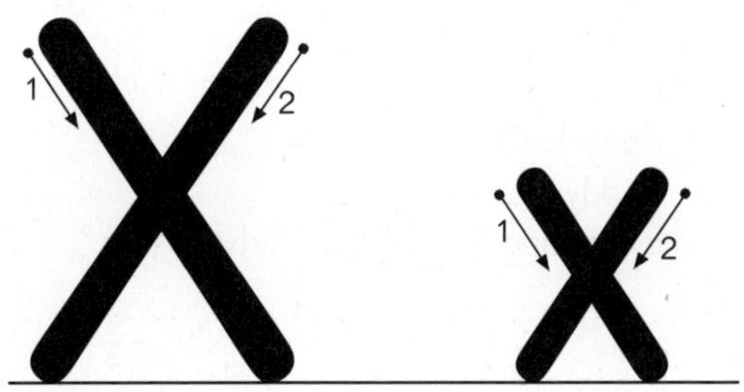

X

x

Xaver

boxen

Hexe Axt Abraxas Nixe Max

Bestell-Nr. 3-507-40407-9
Wunderkiste für Buchstabenwochen

Bestell-Nr. 3-507-40407-9

Wunderkiste für Buchstabenwochen

Zum Buchstaben Y

Kleinprojekte / Sachunterricht

Teddy
Baby
Pony
Party
Teddy-Tag

Schreibanlässe

Baby-Buch
Pony-Buch
Teddy-Buch
Einladung zur Teddy-Party

Musik

Ponylieder
Teddylieder
Ryrksnglynks (Rolf Zuckowski)

Kunst

Teddy - bärenstarke Post (K 10, S. 26)
Pony mit Buntstiften malen

Zungenbrecher / kleine Sprechspiele

Teddy Freddy hat ein Hobby,
jeden Tag geht er zu Bobby.

Sport und Spiele

Teddy

Anfang
Material: jedes Kind bringt seinen Teddy mit
Alle Kinder und die Lehrerin/der Lehrer sitzen mit ihren Teddys im Kreis. Sie singen gemeinsam das Teddybärlied:
Teddybär, Teddybär, dreh dich um.
Teddybär, Teddybär, mach dich krumm.
Teddybär, Teddybär, zeig deinen Fuß.
Teddybär, Teddybär, mach einen Gruß.
Die Teddybären werden dem Text entsprechend bewegt, sie winken z. B. bei „mach einen Gruß" mit den Armen. Anschließend werden die Teddybären in den Kreis gelegt und die Kinder singen und bewegen sich zu dem Teddybärlied.

Hauptteil
Material: kleine Matten
Die kleinen Matten werden in der Halle verteilt. Die Kinder setzen sich mit ihren Teddys auf die Matten. Hier wird eine Teddygymnastik ausgeführt, z. B.:
a) Die Kinder stellen sich hin und heben mit beiden Händen den Teddy über den Kopf. Anschließend legen sie ihn zwischen ihre Füße.
b) Die Kinder lassen den Teddy über die Brust, den Bauch, die Beine zu den Füßen absteigen.
c) Die Kinder lassen den Teddy durch die gespreizten Beine gehen, abwechselnd um das rechte und linke Bein.
d) Die Kinder legen sich mit dem Rücken auf die Matten, heben den Teddy mit den Füßen hoch und versuchen ihn mit den Händen zu fassen.
e) Die Kinder legen sich auf den Rücken und legen sich den Teddy auf den Bauch. Mit den Händen fassen sie die gebeugten Knie und schaukeln den Teddy hin und her.
f) Die Teddys werden in die Luft geworfen und wieder aufgefangen.
g) Die Teddys rutschen langsam den Rücken herunter.
h) Die Teddys werden auf den Rücken gesetzt und um die Matten herum getragen.

Bestell-Nr. 3-507-40407-9

Immer zwei Kinder bilden ein Paar:

a) Ein Kind stützt sich auf Hände und Füße, das andere lässt die beiden Teddys durch den Tunnel gehen.
b) Ein Kind stützt sich auf Hände und Füße, das andere lässt die beiden Teddys zwischen den Armen und Beinen hindurchgehen.
c) Ein Kind legt sich auf den Rücken und hebt den Po hoch. Das andere Kind lässt die beiden Teddys durch den Tunnel gehen.
d) Ein Teddy wird zur Seite gelegt. Der andere Teddy wird vorsichtig von einem zum anderen Kind geworfen.
e) Ein Kind legt sich bäuchlings auf die Matte. Das andere lässt die beiden Teddys nacheinander über den Rücken wandern.

Abschluss

Material: Entspannungsmusik

Die Kinder legen sich auf die Matten. Jedes Kind legt sich seinen Teddy auf den Bauch. Die Teddys sind müde und wollen einschlafen. Daher ist es wichtig ganz ruhig liegen zu bleiben. Der Teddy wird durch das Ein- und Ausatmen sanft geschaukelt. Die Kinder hören dabei die Entspannungsmusik.

Zusatzspiel: Ponyreiten

Material: Seile

Jeweils zwei Kinder erhalten ein Seil und gehen zusammen. Ein Kind ist das Pony. Das Seil wird als Zügel um seine Brust gelegt. Das andere Kind nimmt die Zügel und führt das Pony, das immer nur geradeaus laufen will. Wird jedoch rechts am Zügel gezogen, läuft das Pony nach rechts; wird links gezogen, läuft das Pony nach links. Ruft das Kind „Brrr!", dann bleibt das Pony stehen. Anschließend werden die Rollen getauscht.

Y y

Name: ____________________

Einladung zu unserer Teddy-Party

am: ____________________

um: ____________________

Bestell-Nr. 3-507-40407-9

Y y

Name: ____________________

Bestell-Nr. 3-507-40407-9

Name: ______________________________

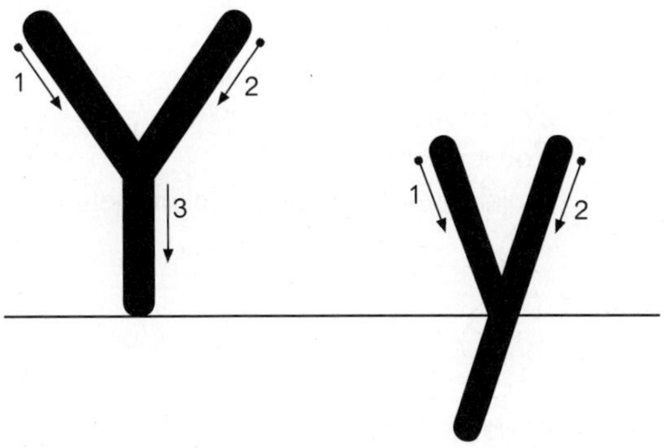

Y

y

Yak

Pony

Teddy Baby Yoga Hobby Pyramide

Bestell-Nr. 3-507-40407-9

Wunderkiste für Buchstabenwochen

Bestell-Nr. 3-507-40407-9

Zum Buchstaben Z

Kleinprojekte / Sachunterricht

Zahn / Zahnarzt
Zeitung
Zeugnis
zaubern / Zauberer
Zelt
Zwerge
Zoo
Zirkus
Zeit
Zahlen
Ziege
Zwillinge
Zugfahrt

Schreibanlässe

für die Zeitung schreiben
Zahn-Geschichten
Zoo-Geschichten
Projekt „Zirkus": Zirkusplakat malen

Musik

Skinny Minnie - Der Zahnpasta-Song (Kolibri 127)
Zoo im Büro (M 5)
Zirkus auf dem Schlossplatz
Der Zauberer hat Hexenschuss (Fredrik Vahle)
Zehn kleine Zappelmänner
Zirkus-Zauber (M 10)
Karneval im Zoo (M 4)

Kunst

Zwerge mit Wachsmalstiften malen
Zauberstab basteln
Zaubererhut basteln
Zauberkasten bauen
Zirkusfiguren aus Ton herstellen
Zootiere aus Tonpapier basteln

Zungenbrecher / kleine Sprechspiele

Zehn Ziegen zogen zehn Zentner Zucker zum Zoo.

Zwischen zwei Zwetschgenzweigen saßen zwei zwitschernde Schwalben.

Sport und Spiele

Zirkus

Anfang

Die Lehrerin/der Lehrer führt mit den Kindern ein Gespräch über das Thema „Zirkus": Welche Tiere sieht man dort? Was machen die Artisten? ...
Ein Zirkuslied, z. B. „Zirkus auf dem Schlossplatz" von Hering/Meyerholz (MK 2), wird eingespielt. Die Kinder tanzen zur Musik. Stoppt die Musik, müssen alle Kinder versteinert stehen bleiben.

Hauptteil

Material: Matten, Weichbodenmatten, Reifen, Medizinbälle, Langbänke, kleine und große Kästen, Gymnastikstäbe, Tau
Für die Zirkusartisten werden verschiedene Stationen aufgebaut, z. B.:

für Bodenakrobaten	Auf einer Mattenbahn aus drei kleinen Matten, die hintereinander gelegt werden, üben die Artisten verschiedene Sprünge, die Rolle um die Längsachse, Rad und Rolle vorwärts usw. (evtl. mit Hilfe).
für Seiltänzer	Die Seiltänzer balancieren auf einem am Boden liegenden Tau. Sie hüpfen auf dem Seil, versuchen auf einem Bein zu stehen usw. Geübte Seiltänzer balancieren auf einer umgedrehten Langbank oder auf einer Langbank, die zwischen zwei kleinen Kästen hängt.
für Raubtiere	Die Raubtiere werden vom Dompteur vorgestellt. Für sie wird ein Tunnel aufgebaut (zwei Langbänke parallel nebeneinander stellen und dazwischen kleine Matten zu einem Bogen klemmen). Der Dompteur hat einen Reifen, durch den die Raubtiere springen können. Auf kleine Kästen setzen sich die Raubtiere und heben ihre Vorderpfoten.
für Bären	Die Bären balancieren auf Medizinbällen.
für Akrobaten	Die Akrobaten lassen Reifen um die Taille oder um den Arm kreisen.

Abschluss
Die Artisten wählen eine Zirkusnummer aus, die ihnen am besten gefallen hat. Diese Nummer führen sie den anderen Artisten vor.

Zeitungen

Anfang
Material: Zeitungen, Musik
Jedes Kind stellt sich auf ein Zeitungsblatt. Während die Musik spielt, tanzen die Kinder auf ihrem Zeitungsblatt. Wenn die Musik stoppt, falten die Kinder das Zeitungsblatt einmal zusammen, sodass sich die Tanzfläche verkleinert. Das Spiel wird fortgesetzt, bis es nicht mehr möglich ist auf der kleinen Fläche zu tanzen.

Hauptteil
Material: Zeitungen, Klebeband, Schere, Klammern

Zeitungslauf	Jedes Kind erhält eine Zeitungsseite. Die Kinder halten sich die Zeitungsseite gegen den Oberkörper und laufen so schnell von einer zur anderen Hallenseite, dass die Zeitungsseite ohne Festhalten nicht herunterfällt. Anschließend versuchen die Kinder Kurven zu laufen, ohne dabei die Zeitung festhalten zu müssen.
Zeitungsschlange	Jedes Kind erhält eine Zeitungsseite und versucht daraus eine möglichst lange Zeitungsschlange zu reißen. Die Schlangen werden anschließend aneinander gelegt. Auf der Riesenschlange geht die Kinderschlange ganz vorsichtig entlang.
Zeitungsball	Das Zeitungspapier wird zusammengeknüllt und mit Klebeband (Kreppband) umwickelt. Auf diese Weise werden zwei Zeitungsbälle hergestellt. Die Kinder stellen sich im Kreis auf. Beide Bälle sind im Spiel. Sie werden an den gegenüberliegenden Seiten in das Spiel gegeben. Jeder Ball wird schnell von Kind zu Kind weitergegeben, ein Ball jagt den anderen. Wird ein Ball eingeholt, ist das Spiel zu Ende.
Fußstapfen	Aus Zeitungspapier werden Fußstapfen ausgeschnitten, quer durch den Raum gelegt und mit Klebeband befestigt. Die Kinder bewegen sich unter verschiedenen Aufgabenstellungen auf den Fußstapfen: unterschiedliche Gangarten ausprobieren, z. B. stapfen, schleichen, hüpfen, ... verschieden gehen, z. B. durch den Regen laufen, als sei ein Wespenschwarm in Sicht, gehen wie ein dicker, alter, trauriger, fröhlicher, ... Mensch

Abschluss
Die Kinder legen sich auf die Matten und werden mit Zeitungspapier ganz zugedeckt. Dann wird Entspannungsmusik aufgelegt.

Zusatzspiel: Zauberer

Material: ein Zauberstab (Zeitungsrolle, Staffelholz, Gymnastikstab)
Ein Kind erhält den Zauberstab und übernimmt damit die Rolle des Zauberers. Der Zauberer macht Bewegungen vor (läuft, springt, hüpft, geht rückwärts usw.), die von allen Kindern nachgemacht werden müssen.
Lässt der Zauberer den Zauberstab fallen, laufen alle Kinder so schnell wie möglich zum Freimal.
Der Zauberer versucht ein Kind zu fangen. Wer gefangen wurde, wird beim nächsten Spiel Zauberer.

Bestell-Nr. 3-507-40407-9

Z z

Name: ______________________

Zirkus

Bestell-Nr. 3-507-40407-9

Z z

Name: ______________________

© 1997 Schroedel Verlag GmbH, Hannover
Bestell-Nr. 3-507-40407-9
underkiste für Buchstabenwochen

Name: ______________________

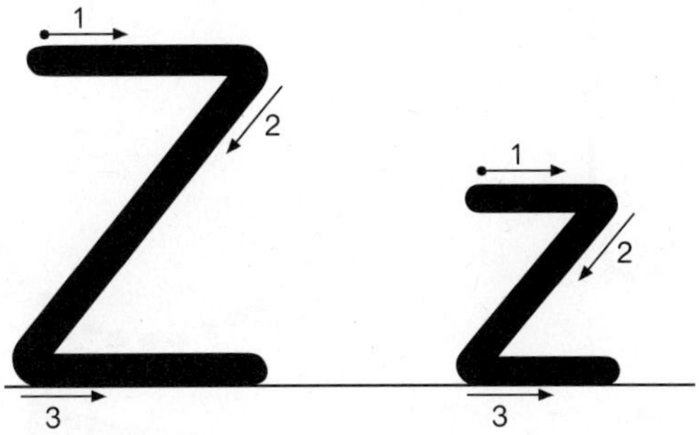

Z

z

Zoo

zu

Zug Ziege Zahl Zahnarzt Zelt
Zeitung Zwerg zeigen

Bestell-Nr. 3-507-40407-9

Wunderkiste für Buchstabenwochen

Der Zauberer	______________________
zaubert	versteckt
ein Herz .	eine Zeitung .
______________________	Das Kamel
trägt	frisst
einen Zylinder .	eine Zitrone .

Wunderkiste für Buchstabenwochen Bestell-Nr. 3-507-40407-9 © 1997 Schroedel Verlag GmbH, Hannover

Z z

Name: ______________________

Male Bilder dazu .

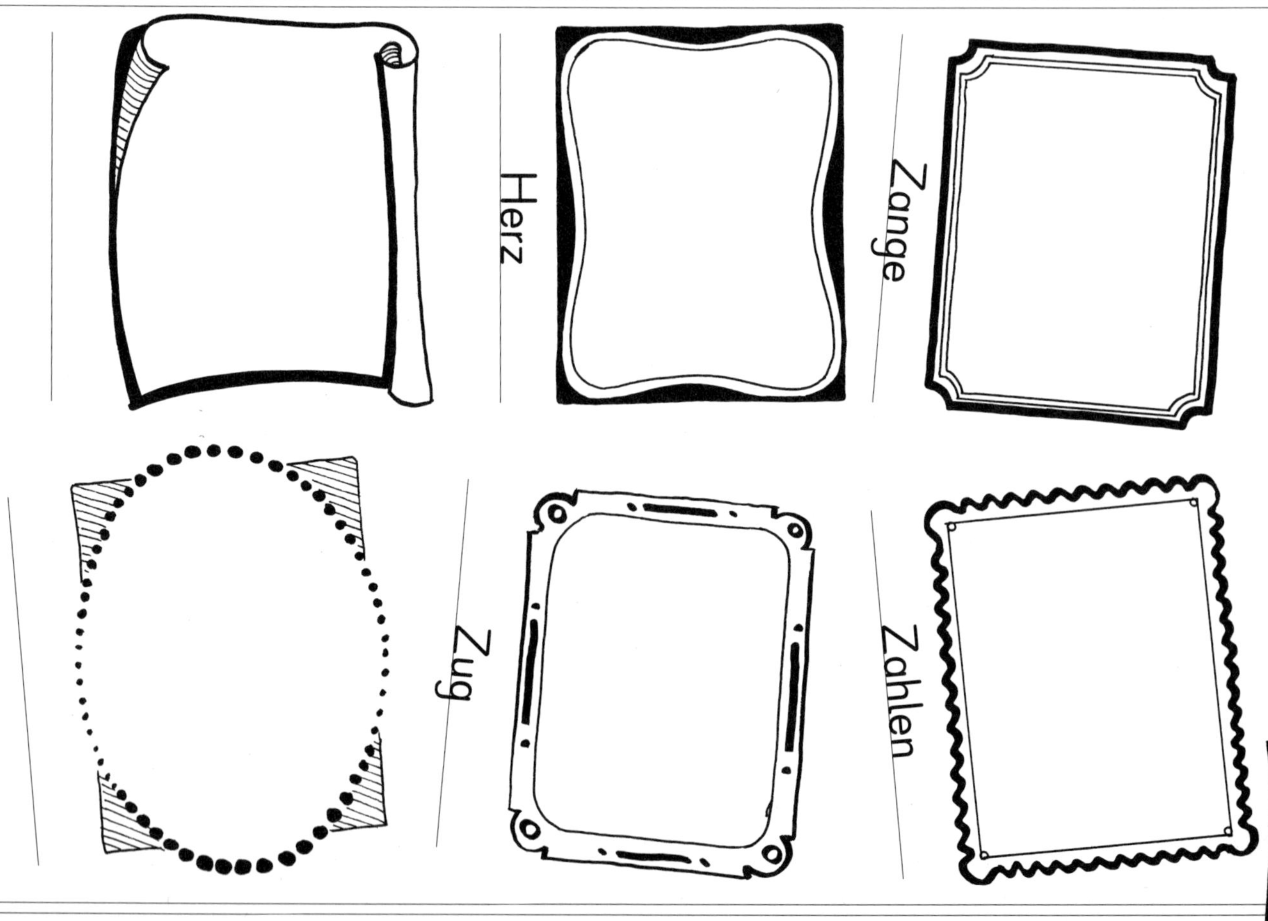

1 3 Hüte	2 5 Füße
3 4 Bücher	4 2 Stühle

Das Mädchen	Der Käfer
wäscht	hält
einen Ball .	
Der Bäcker	
trägt	
eine Torte .	

Die kleine Eule

2

Sie sucht einen Freund.

4

Ö ö

Name: ______________________

König

Möhre

Föhn

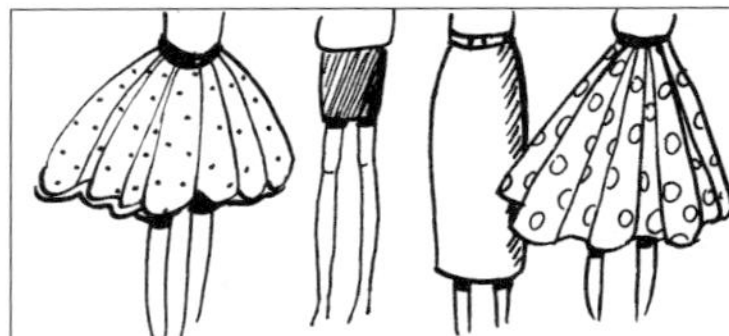

Röcke

Zöpfe Röhre Söckchen Köpfe

Brötchen Flöte Höhle Kröte Töne

Wunderkiste für Buchstabenwochen Bestell-Nr. 3-507-40407-9 © 1997 Schroedel Verlag GmbH, Hannover

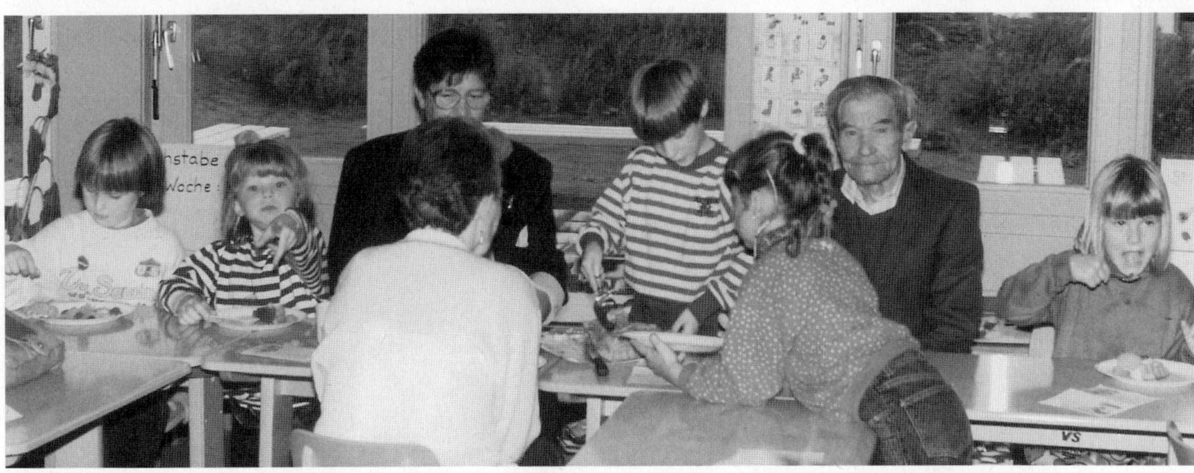

Oma- und Opatag nach O, M, P, A

Bestell-Nr. 3-507-40407-9

Teddytag zu T und Y

Blick in den Klassenraum nach Unterrichtsschluss

Bestell-Nr. 3-507-40407-9